INTRODUCCIÓN A LA MENTE ARTIFICIAL

J. Gaviria

DEDICATORIA

A mi querida madre Martha, a mi tía Victoria y a mi amada hija, No hay palabras suficientes para expresar el amor y gratitud que siento hacia ustedes. Mi querida madre, gracias por ser mi guía y apoyo incondicional en todo momento. Tu amor y sabiduría han sido un faro de luz en los momentos más oscuros de mi vida, y siempre te estaré agradecido por todo lo que hiciste por mí mientras vivías y por lo que tus enseñanzas me han dejado después de tu muerte

A mi dulce hija, gracias por ser la razón de mi existir. Tu sonrisa, tus risas y tus abrazos siempre han sido la mejor recompensa que puedo recibir en la vida. Eres mi mayor orgullo y mi mayor motivación para seguir adelante, y espero que siempre sepas lo mucho que te quiero y te apoyo en todo lo que hagas. A ambas, gracias por ser mi familia y mi hogar. Sin ustedes, nada de lo que hago tendría sentido. Espero que esta dedicación sea un pequeño gesto de mi amor y gratitud hacia ustedes, y que siempre sepan lo mucho que las quiero y valoro en mi vida.

Con todo mi amor

J. Gaviria

CONTENIDO

PROLOGO

Bienvenido a Introducción a la Mente Artificial, un libro diseñado para desentrañar los misterios de una de las tecnologías más transformadoras de nuestro tiempo: la inteligencia artificial (IA). En un mundo donde los sistemas inteligentes guían nuestras decisiones, desde las recomendaciones de entretenimiento hasta los diagnósticos médicos, comprender la IA no es solo una ventaja, sino una necesidad. Este libro tiene un propósito claro: proporcionar a los lectores, ya sean principiantes curiosos o profesionales en busca de una base sólida, las herramientas conceptuales y prácticas para explorar, aplicar y reflexionar sobre la IA de manera informada y responsable.

La IA, en su esencia, es la capacidad de las máquinas para imitar funciones humanas como el aprendizaje, el razonamiento y la toma de decisiones. Sin embargo, más allá de su definición técnica, la IA es un reflejo de nuestra ambición por resolver problemas complejos y ampliar los límites de lo posible. Desde los primeros experimentos de Alan Turing hasta los modelos de aprendizaje profundo que impulsan asistentes virtuales como Grok, la IA ha evolucionado de una idea especulativa a una fuerza omnipresente. Este libro busca capturar esa evolución, ofreciendo una guía accesible que conecta los fundamentos teóricos con las aplicaciones prácticas y las implicaciones éticas.

¿Por qué escribir un libro sobre IA en 2025? Vivimos en un momento pivotal. La IA está transformando industrias, desde la agricultura, donde predice rendimientos de cultivos, hasta la medicina, donde detecta enfermedades con precisión sobrehumana. Sin embargo, esta revolución tecnológica también plantea desafíos: sesgos en los algoritmos, preocupaciones sobre la privacidad y preguntas sobre el impacto social de la automatización. Como sociedad, necesitamos no solo entender cómo funciona la IA, sino también cómo moldearla para que sirva al bien común. Este libro nace de la convicción de que cualquier persona, independientemente de su formación, puede participar en esta conversación y contribuir al futuro de la IA.

El propósito de Introducción a la Mente Artificial es triple. Primero, busca desmitificar la IA, explicando sus conceptos fundamentales —como algoritmos, redes neuronales y aprendizaje automático— de manera clara y sin jerga innecesaria. Segundo, ofrece una guía práctica para aquellos que desean experimentar con la IA, desde escribir su primer programa hasta implementar proyectos reales. Tercero, invita a los lectores a reflexionar sobre las implicaciones éticas y sociales de la IA, fomentando un enfoque responsable hacia su desarrollo y uso. A lo largo de estas páginas, combinaremos teoría, ejemplos prácticos y estudios de caso para asegurar que los conceptos sean accesibles y relevantes.

El libro está estructurado en cuatro partes, cada una diseñada para construir sobre la anterior y guiar al lector en un viaje lógico desde los cimientos hasta las aplicaciones avanzadas y las consideraciones éticas. La Parte 1: Fundamentos de la Inteligencia Artificial establece las bases, explorando la historia de la IA, desde los primeros programas como ELIZA hasta los avances en aprendizaje profundo. Aquí, los lectores descubrirán cómo los algoritmos básicos, como la búsqueda y el ordenamiento, sientan las bases para sistemas más complejos, y cómo las redes neuronales imitan el aprendizaje humano.

La Parte 2: Cómo Empezar con la IA lleva la teoría a la práctica, presentando herramientas accesibles como Python, TensorFlow y Google Colab. Esta sección está diseñada para que los lectores, incluso aquellos sin experiencia previa en programación, puedan dar sus primeros pasos en la creación de modelos de IA. A través de ejemplos concretos, como clasificar imágenes o analizar texto, los lectores aprenderán a transformar ideas en aplicaciones funcionales.

La Parte 3: Implementación de Proyectos de IA profundiza en el proceso de desarrollo de proyectos completos, desde la planificación hasta el despliegue. Usando un caso hipotético, como un sistema para predecir rendimientos agrícolas, esta parte detalla cómo recopilar datos, entrenar modelos, evaluar resultados y escalar soluciones. También aborda desafíos comunes, como el sobreajuste y la falta de datos, ofreciendo estrategias para superarlos.

Finalmente, la Parte 4: Ética y Responsabilidad en IA examina las implicaciones sociales de la IA, desde los sesgos algorítmicos hasta la privacidad y el impacto en el empleo. A través de casos reales, como el uso controvertido de algoritmos en la justicia penal, esta sección subraya la importancia de diseñar sistemas que sean justos, transparentes y centrados en el ser humano. También explora dilemas emergentes, como el uso de IA en armas autónomas, invitando a los lectores a reflexionar sobre el futuro de esta tecnología.

El tono de este libro es intencionalmente accesible, pero no simplista. Está escrito para lectores que desean aprender sin sentirse abrumados por tecnicismos, pero también para aquellos que buscan suficiente profundidad para aplicar lo aprendido. Cada capítulo combina explicaciones claras con ejemplos prácticos, ilustraciones y fragmentos de código, asegurando que los conceptos sean comprensibles y aplicables. Además, el libro incluye apéndices con casos de estudio detallados, un glosario de términos clave y recursos adicionales para quienes deseen explorar más a fondo.

Este libro también refleja una perspectiva optimista pero crítica sobre la IA. Creemos que la IA no es un reemplazo para la creatividad humana, sino un amplificador de nuestras capacidades. Un agricultor que usa IA para optimizar su cosecha, un médico que mejora sus diagnósticos con un modelo predictivo, o un estudiante que escribe su primer programa de IA: todos son ejemplos de cómo esta tecnología puede empoderar a las personas. Sin embargo, este optimismo viene con una advertencia: la IA debe desarrollarse con responsabilidad. Los errores del pasado, como los sesgos en algoritmos de reconocimiento facial, nos recuerdan que la tecnología no es neutral. Depende de nosotros, como creadores y usuarios, asegurarnos de que la IA sirva a todos, no solo a unos pocos.

A lo largo de este libro, los lectores encontrarán historias que ilustran el impacto de la IA. Consideremos el caso de un pequeño agricultor en América Latina que, gracias a un sistema de IA como AgriPredict, pudo duplicar su producción al recibir recomendaciones precisas sobre el riego y los fertilizantes. O el de un estudiante que, inspirado por un proyecto de clasificación de imágenes, desarrolló una aplicación para detectar enfermedades en plantas. Estas historias no son solo anécdotas; son recordatorios de que la IA, cuando se usa bien, puede resolver problemas reales y mejorar vidas.

Escribir este libro ha sido un esfuerzo por capturar la emoción y la complejidad de la IA en un momento de cambio acelerado. En 2025, estamos en la cúspide de avances que podrían redefinir nuestra relación con la tecnología, desde modelos de lenguaje más sofisticados hasta sistemas autónomos que toman decisiones críticas. Pero con estos avances vienen responsabilidades. Este libro no solo enseña cómo construir IA, sino también cómo pensar en su impacto, cómo cuestionar sus decisiones y cómo usarla para construir un futuro más equitativo.

Para los lectores que se acercan a la IA por primera vez, este libro es una invitación a explorar sin miedo. No necesitas ser un experto en matemáticas o programación para comenzar; solo necesitas curiosidad y disposición para aprender. Para aquellos con experiencia, ofrecemos perspectivas frescas y ejemplos prácticos que complementarán su conocimiento. Y para todos, este libro es un llamado a la acción: la IA no es solo para ingenieros o científicos; es para cualquiera que quiera moldear el futuro.

A medida que avances por estas páginas, encontrarás herramientas para entender la IA, aplicarla y reflexionar sobre su lugar en el mundo. Cada capítulo está diseñado para ser un paso en tu viaje, desde los conceptos básicos hasta la creación de proyectos y la consideración de sus implicaciones éticas. Al final, esperamos que no solo comprendas la IA, sino que te sientas inspirado para usarla de manera creativa y responsable.

Este libro es, en muchos sentidos, un puente entre el presente y el futuro. La IA está aquí, y su potencial es inmenso, pero su dirección depende de nosotros. Con Introducción a la Mente Artificial, te invitamos a cruzar ese puente, a aprender, a experimentar y a contribuir a un mundo donde la inteligencia artificial sea una fuerza para el bien. Comencemos este viaje juntos.

AGRADECIMIENTOS

Quiero expresarte mi más sincero agradecimiento por tu invaluable trabajo en la revisión y edición de mi libro. Tu profesionalismo, dedicación y aguda mirada han sido fundamentales para pulir y enriquecer el contenido de la obra.

Desde el principio, me sentí en total confianza al entregarte mi manuscrito. Tu amplia experiencia y conocimiento del mundo editorial me brindaron la tranquilidad de saber que mi trabajo estaba en las mejores manos.

Aprecio enormemente tu meticulosa revisión del texto, en la que detectaste con precisión errores gramaticales, inconsistencias y aspectos que podían mejorarse. Tus sugerencias y observaciones fueron siempre claras, constructivas y fundamentadas en tu amplia experiencia.

Gracias a tu trabajo, el libro ha ganado en claridad, precisión y fluidez. Tu ojo crítico y tu pasión por la edición han sido esenciales para darle la forma final que hoy tiene la obra.

Además de tu excelente labor editorial, quiero destacar tu amabilidad, paciencia y disposición para responder a mis dudas e inquietudes. Siempre fuiste accesible y receptiva a mis comentarios, lo que me permitió sentirme parte activa del proceso de edición.

No tengo palabras suficientes para agradecerte todo lo que has hecho por mi libro. Tu dedicación y profesionalismo han sido invaluables, y me siento profundamente afortunado de haber podido contar contigo en este proyecto tan importante para mí.

Gracias, Briguete, por ser una editora excepcional y por haber contribuido de manera significativa a que mi sueño de publicar un libro se haga realidad.

Con profunda gratitud.

INTRODUCCION

¿QUÉ ES LA INTELIGENCIA ARTIFICIAL?

Durante los últimos años podríamos considerar que la inteligencia artificial (IA) se ha venido convirtiendo en uno de los conceptos más fascinantes y relevantes de nuestro tiempo desde hace años soñamos con su potencial para mejorar nuestra vida, así como para destruirla. Su potencial para transformar diversos aspectos de la vida humana ha venido generando un gran interés y debate entre los diferentes públicos.

Pero se ha detenido a preguntarse **¿qué es realmente la IA?**

Para responder a esta inquietud, podría sencillamente darle una definición tomada de un diccionario, la cual rezaría de la siguiente forma "Disciplina científica que se ocupa de crear programas informáticos que ejecutan operaciones comparables a las que realiza la mente humana, como el aprendizaje o el razonamiento lógico", pero dado que usted amigo lector quiere un conocimiento profundo del tema, entonces debemos comprender realmente su esencia, remontarnos a los inicios de la informática.

Tengamos en cuenta que, desde sus primeras etapas, los científicos y pensadores han buscado crear máquinas capaces no solo de imitar sino de superar las capacidades intelectuales humanas.

Esta búsqueda ha dado lugar a una evolución tecnológica constante, marcada por hitos como:

La invención de la máquina de Turing (1936-1950):
Propuesta por Alan Turing, esta máquina teórica sentó las bases para la computación moderna y la definición de la IA como la capacidad de una máquina para exhibir un comportamiento inteligente equivalente o indistinguible del humano.

Ilustración 1Maquina de Turing

El nacimiento de la IA simbólica (década de 1950): Este enfoque se basaba en la representación del conocimiento mediante símbolos y reglas lógicas, con el fin de permitir a las máquinas realizar tareas como la resolución de problemas y el procesamiento del lenguaje natural. Dentro de los ejemplos más notables se incluye el programa General Problem Solver (GPS) y el sistema ELIZA.

Dediquemos un punto al sistema ELIZA, creado en 1964 por Joseph Weizenbaum en el MIT, es considerado uno de los primeros programas de inteligencia artificial conversacional. Si bien no era capaz de comprender el significado profundo de las conversaciones, simulaba una conversación inteligente utilizando técnicas de procesamiento del lenguaje natural y reglas de emparejamiento de patrones.

Funcionamiento básico: ELIZA funcionaba analizando las frases ingresadas por el usuario y buscando patrones predefinidos en ellas. Al encontrar un patrón, respondía con una frase predefinida o una pregunta relacionada con el patrón.

Impacto e influencia: A pesar de sus limitaciones, ELIZA tuvo un gran impacto en el desarrollo de la IA conversacional y la interacción persona-máquina. Demostró el potencial de las computadoras para interactuar con los humanos de manera natural y generó interés en la investigación de la comprensión del lenguaje natural.

Efecto ELIZA: El programa también dio lugar al "Efecto ELIZA", que describe la tendencia de las personas a atribuir inteligencia o conciencia a las máquinas que simplemente responden de manera predecible a patrones.

Legado: ELIZA no solo fue un avance tecnológico, sino también una herramienta valiosa para explorar las complejidades de la comunicación humana y la naturaleza de la inteligencia. Inspiró a muchos otros investigadores y contribuyó al desarrollo de sistemas de IA conversacional más sofisticados que utilizamos hoy en día.

Limitaciones: Es importante recordar que ELIZA no era un sistema de IA verdaderamente inteligente. No podía comprender el significado profundo de las conversaciones ni responder de manera creativa o original. Sin embargo, su capacidad para simular una conversación inteligente lo convirtió en una herramienta valiosa para la investigación y la educación.

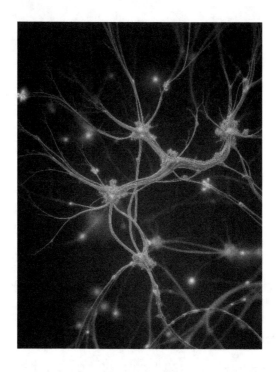

El auge de las redes neuronales artificiales (década de 1960): Estas redes surgen inspiradas en el funcionamiento del cerebro humano, las redes neuronales artificiales generar su aprendizaje a partir de datos y son capaces de realizar tareas complejas como el reconocimiento de imágenes y el procesamiento del lenguaje natural. El desarrollo del algoritmo backpropagation en la década de 1980 impulsó su resurgimiento.

Con el fin de dar más contexto, entonces profundicemos un poco en el algoritmo de propagación hacia atrás (Backpropagation)

Descripción general:

Este algoritmo es uno de los métodos fundamentales para entrenar redes neuronales artificiales, especialmente redes neuronales convolucionales y redes neuronales recurrentes. Se utiliza en el aprendizaje supervisado con el fin de ajustar los pesos de las conexiones entre las neuronas de la red, minimizando el error entre las salidas predichas por la red y las salidas deseadas.

Funcionamiento:

1. **Propagación hacia adelante:** La red recibe una entrada y la procesa a través de las capas de neuronas. Las neuronas de cada capa calculan su salida utilizando una función de activación (por ejemplo, función sigmoide o función ReLU). La salida de la última capa se compara con la salida deseada.

2. **Cálculo del error:** Se realiza el cálculo del error entre la salida predicha y la salida deseada. Este error se propaga hacia atrás a través de la red, capa por capa. Para cada capa, se calcula la contribución de cada peso a la magnitud del error.

3. **Actualización de pesos:** Los pesos de las conexiones se ajustan en la dirección opuesta al gradiente del error. El gradiente indica la dirección en la que se debe modificar un peso para reducir el error. La tasa de aprendizaje controla la magnitud del ajuste de los pesos.

4. **Repetición:** El proceso de propagación hacia adelante, cálculo del error y actualización de pesos se repite con diferentes entradas y salidas deseadas. A medida que la red se entrena con más datos, los pesos se ajustan gradualmente, mejorando la capacidad de la red para predecir las salidas correctas.

5. **Ventajas:**

   - **Eficiencia:** es un algoritmo relativamente eficiente para entrenar redes neuronales, considerando que: aprovecha la regla de la cadena del cálculo para calcular de manera eficiente los gradientes de la función de error con respecto a cada peso en la red. Esto permite identificar qué pesos contribuyen más al error y ajustarlas en consecuencia, además propaga hacia atrás a través de la red, desde la capa de salida hasta la entrada. Esto permite actualizar los pesos de todas las capas de manera simultánea, lo que acelera el proceso de entrenamiento.

   - **Versatilidad:** Se puede aplicar a una amplia variedad de redes neuronales y tareas de aprendizaje automático, esto en esencia permite la identificación de categorías o clases a las que pertenece un dato (por ejemplo, reconocimiento de imágenes, clasificación de textos), además permite la predicción de valores numéricos continuos (por ejemplo, predicción de precios, pronóstico del tiempo), adicionalmente facilita la creación de nuevos datos, como imágenes, música o texto (por ejemplo, generación de imágenes realistas, composición musical).

- **Efectividad**: Es uno de los métodos más utilizados y exitosos para entrenar redes neuronales profundas, esto gracias a que su objetivo principal es minimizar la diferencia entre la salida predicha por la red y la salida deseada (el error), además de utilizar algoritmos de optimización como el descenso del gradiente para ajustar los pesos en la dirección opuesta al gradiente, acercando la red a un mínimo local de la función de error y que es utilizado para resolver una amplia gama de problemas, como clasificación, regresión, reconocimiento de patrones y generación de texto.

6. **Desventajas**:

- **Sensibilidad a la tasa de aprendizaje**: Elegir una tasa de aprendizaje adecuada es crucial para el éxito del entrenamiento. Una tasa de aprendizaje demasiado alta puede provocar inestabilidad, mientras que una tasa de aprendizaje demasiado baja puede ralentizar el proceso de entrenamiento.

- **Problema del mínimo local**: La red puede quedar atrapada en mínimos locales, donde el error se reduce, pero no alcanza el mínimo global.

- **Requerimiento de datos:** Backpropagation requiere una gran cantidad de datos de entrenamiento para funcionar correctamente.

La revolución del aprendizaje automático (década de 1990): Con el incremento de la disponibilidad de grandes conjuntos de datos y el aumento de la potencia computacional, el aprendizaje automático se convirtió en una rama dominante de la IA. Los algoritmos de aprendizaje automático no requieren programación explícita y son capaces de aprender patrones y hacer predicciones a partir de datos.

La era del Big Data y la IA profunda (década de 2010): La explosión de datos que se ha dado durante esta década y el desarrollo de arquitecturas de redes neuronales profundas como Deep Learning han impulsado un avance sin precedentes en las capacidades de la IA. Los sistemas de IA profunda ahora pueden realizar tareas complejas tales como la traducción automática, la generación de imágenes y videos, e incluso la escritura de textos creativos.

Ahora bien, vamos a profundizar en la definición de Deep Learning también conocido como aprendizaje profundo, este es un subconjunto derivado del del aprendizaje automático (Machine Learning) y se basa esencialmente en el uso de redes neuronales artificiales con múltiples capas ocultas para aprender de grandes cantidades de datos.

1. **Funcionamiento**: Se encuentra inspirado en el funcionamiento del cerebro humano, con neuronas artificiales conectadas entre sí en capas. Donde cada capa a su vez procesa la información recibida de la capa anterior, aplicando una función de activación y enviando el resultado a la siguiente capa.

2. **Características**:
   - **Aprendizaje a partir de datos**: Aprenden patrones y relaciones complejas a partir de grandes conjuntos de datos, sin necesidad de requerir una programación explícita.
   - **Capas ocultas:** A diferencia de las redes neuronales simples, las redes profundas tienen múltiples capas ocultas entre la entrada y la salida, lo que les permite modelar funciones complejas y no lineales.
   - **Representaciones jerárquicas:** Aprenden a extraer representaciones jerárquicas de los datos, capturando características de bajo nivel en las primeras capas y características más abstractas en las capas posteriores.
   - **Funciones de activación no lineales**: Utilizan funciones de activación no lineales, como la función sigmoide o la función ReLU, que permiten que la red aprenda relaciones no lineales entre los datos.

3. **Aplicaciones:**

- **Reconocimiento de imágenes:** Las redes convolucionales profundas (CNNs), es decir aquellas que utilizan datos tridimensionales para tareas de clasificación de imágenes y reconocimiento de objetos son altamente efectivas para el reconocimiento de imágenes, como la detección de objetos, la clasificación de imágenes y el análisis de imágenes médicas.

- **Procesamiento del lenguaje natural (PLN):** Las redes neuronales recurrentes (RNNs) y las redes neuronales convolucionales recurrentes (CRNNs) son utilizadas para tareas de PLN como la traducción automática, la generación de texto, el análisis de sentimientos y la respuesta a preguntas.

- **Toma de decisiones**: Las redes profundas se utilizan en la toma de decisiones en áreas como la predicción de precios en el mercado financiero, el diagnóstico médico y la recomendación de productos.

4. **Ventajas**:

- **Gran capacidad de aprendizaje:** Las redes profundas pueden aprender de grandes volúmenes de datos complejos y descubrir patrones no lineales que son difíciles de detectar para los métodos tradicionales.

- **Alta precisión:** Las redes profundas han logrado resultados de última generación en diversas tareas, como el reconocimiento de imágenes y el procesamiento del lenguaje natural.
- **Escalabilidad**: Las redes profundas pueden ser escaladas a grandes conjuntos de datos y a arquitecturas de red más complejas.

5. **Desafíos**:
- **Requerimiento de datos:** Las redes profundas requieren grandes volúmenes de datos de entrenamiento para funcionar correctamente, valga la pena mencionar que Los datos deben ser relevantes para la tarea que se desea resolver. Por ejemplo, para entrenar una red neuronal que reconozca imágenes de gatos, se necesitan imágenes de gatos, no de perros.
- **Complejidad computacional:** El entrenamiento de redes profundas puede ser computacionalmente costoso, requiriendo hardware potente, esto debido a cada conexión entre neuronas en una DNN tiene un peso asociado que debe ser ajustado durante el

entrenamiento, lo que implica el uso de procesadores potentes (GPU y TPU), además de grandes requerimientos de memoria, así como un almacenamiento rápido y una conexión de red estable.

- **Interpretabilidad**: Las redes profundas pueden ser difíciles de interpretar, lo que dificulta la comprensión de cómo toman decisiones, esto en esencia debido a que las DNN tienen millones o incluso miles de millones de parámetros (pesos y sesgos) que interactúan de manera compleja para producir una salida. Lo que hace prácticamente imposible rastrear el impacto individual de cada parámetro en la decisión final.

EJEMPLOS DE LA IA EN ACCIÓN:

La inteligencia artificial ha dejado de ser ciencia ficción como se planteaba en las viejas películas de los 80 y 90, para convertirse en una realidad tangible que transforma nuestras vidas y la sociedad. Desde asistentes virtuales que responden a nuestras preguntas hasta vehículos autónomos que recorren nuestras calles, la IA está presente en numerosos aspectos de nuestro día a día. Pero ¿qué significa realmente que la IA esté "en acción"? Significa que los algoritmos y modelos de aprendizaje automático están siendo aplicados para resolver problemas complejos, automatizar tareas y tomar decisiones en una amplia variedad de campos, desde la medicina hasta las finanzas. En este contexto, la IA en acción representa la aplicación práctica de la inteligencia artificial para generar valor y mejorar nuestra calidad de vida, veamos en detalle algunas aplicaciones:

1. Asistentes virtuales: Siri, Alexa y Google Assistant utilizan IA para comprender el lenguaje natural, responder preguntas y realizar tareas como configurar alarmas o reproducir música.

2. Coches autónomos: Los vehículos con IA utilizan sensores, cámaras y algoritmos para navegar por las carreteras, tomar decisiones y evitar obstáculos.

3. Diagnóstico médico: La IA se utiliza para analizar imágenes médicas, identificar patrones y ayudar a los médicos a diagnosticar enfermedades con mayor precisión.

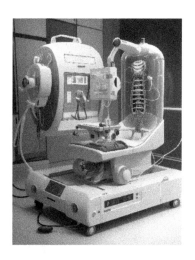

4. Recomendación de productos: Los sistemas de IA analizan el comportamiento de los usuarios para

recomendar productos o servicios relevantes en plataformas de comercio electrónico y streaming.

5. Detección de fraudes: La IA se utiliza para analizar patrones de transacciones financieras y detectar actividades potencialmente fraudulentas.

La IA: Un futuro prometedor con desafíos por delante

La IA tiene el potencial de transformar sectores como la salud, el transporte, la educación y la industria, generando un impacto positivo en la sociedad. Sin embargo, también presenta desafíos que deben abordarse:

1. Sesgos algorítmicos: Los sistemas de IA pueden perpetuar sesgos existentes en los datos con los que se entrenan, lo que a la larga puede llevar a la discriminación.

2. Explicabilidad de la IA: Los sistemas de IA complejos pueden ser difíciles de entender, lo que dificulta determinar la forma en la cual toman decisiones.

3. Ética de la IA: Es necesario establecer principios éticos claros para el desarrollo y uso de la IA, garantizando que se respete la privacidad, la seguridad y la dignidad humana.

En definitiva, podemos decir que la IA es una herramienta poderosa con un enorme potencial para mejorar nuestras vidas. Sin embargo, es crucial destacar que utilizarla debe darse de manera responsable y ética, considerando los desafíos que presenta y trabajando para mitigarlos. La colaboración entre científicos, ingenieros, filósofos y policymakers será fundamental para guiar el desarrollo de la IA hacia un futuro beneficioso para todos.

¿POR QUÉ USAR LA IA COMO AYUDANTE?

Nos encontramos en un mundo que ha venido evolucionando rápidamente a lo largo de las últimas décadas y que se ha venido tornando cada vez más complejo y dinámico, de allí que la necesidad de contar con herramientas eficientes y adaptables se vuelve cada vez más acuciante para todos. En este entorno la inteligencia artificial (IA) ha surgido como una poderosa aliada, ofreciendo un sinfín de posibilidades para optimizar tareas, potenciar la creatividad y mejorar la calidad de vida en diversos ámbitos.

A continuación, exploraremos las razones por las que utilizar la IA como asistente en la vida diaria, el trabajo y la creación de contenido.

IA EN LA VIDA DIARIA: UN FACILITADOR PARA EL DÍA A DÍA

Como en todo cambio histórico siempre se presenta resistencia al cambio, es por esto que existen grupos de pensadores y geeks, quienes promulgan abiertamente la teoría que la IA va a reemplazarnos en nuestros trabajos, yo en cambio sostengo que la IA no nos reemplazara sino que por el contrario, puede convertirse en un aliado y en un asistente indispensable en nuestro día a día, simplificando tareas cotidianas y liberando nuestro activo más valioso, el tiempo para actividades más significativas. Algunos ejemplos de su aplicación práctica incluyen:

1. Gestión del hogar: El auge de los dispositivos inteligentes controlados por IA que permiten automatizar tareas como encender y apagar luces, ajustar la temperatura, controlar electrodomésticos y gestionar sistemas de seguridad, creando un hogar más cómodo y eficiente.

2. **Asistentes virtuales:** Integrado en smartphones y altavoces inteligentes, la IA ofrece asistentes como Siri, Alexa y Google Assistant, capaces de responder preguntas, realizar llamadas, configurar alarmas, reproducir música y controlar dispositivos inteligentes, todo ello mediante comandos de voz naturales.

3. **Organización y productividad:** Las aplicaciones de IA pueden ayudarnos a gestionar calendarios, listas de tareas, correos electrónicos y notas, optimizando nuestro tiempo y mejorando la productividad.

4. Salud y bienestar: La IA se utiliza para desarrollar aplicaciones que monitorizan nuestra salud, desde la actividad física y el sueño hasta la detección de posibles problemas de salud, dentro de estas destacan:

Monitoreo de la actividad física y el sueño: Aplicaciones como Fitbit o Apple Watch utilizan sensores para recopilar datos sobre pasos dados, distancia recorrida, calorías quemadas, calidad del sueño y patrones de sueño. La IA analiza estos datos para identificar tendencias, establecer metas personalizadas y ofrecer recomendaciones para mejorar la salud en general. Empresas como Withings ofrecen básculas inteligentes que miden el peso, la composición corporal y otros indicadores de salud. La IA analiza estos datos para detectar posibles problemas de salud y ofrecer consejos personalizados para mejorar el bienestar.

Detección de posibles problemas de salud: Sistemas de IA se utilizan para analizar imágenes médicas como radiografías, tomografías computarizadas y resonancias magnéticas para detectar anomalías que podrían indicar enfermedades como el cáncer o enfermedades cardíacas. Esto puede ayudar a los médicos a diagnosticar enfermedades en una etapa más temprana y a iniciar el tratamiento con mayor rapidez.

Chatbots con tecnología de IA pueden realizar evaluaciones de salud iniciales y dirigir a los pacientes a la atención médica adecuada. También pueden proporcionar información y apoyo a los pacientes que viven con enfermedades crónicas.

Otros ejemplos: Investigadores están desarrollando sistemas de IA que pueden analizar muestras de sangre y tejido para detectar enfermedades como el cáncer y otras enfermedades graves.

La IA también se utiliza para desarrollar robots quirúrgicos que pueden realizar operaciones con mayor nivel de precisión y un menor nivel de invasividad que los cirujanos humanos.

La IA se utiliza para desarrollar asistentes virtuales que pueden ayudar a los pacientes a gestionar sus medicamentos, programar citas y obtener información sobre su salud.

Es importante tener en cuenta que el desarrollo de la IA todavía se encuentra en sus primeras etapas de desarrollo en el ámbito de la salud y que se necesitan más investigaciones para garantizar que los sistemas de IA sean seguros, precisos y confiables. Sin embargo, la IA tiene el potencial de revolucionar la atención médica y mejorar la salud de las personas en todo el mundo.

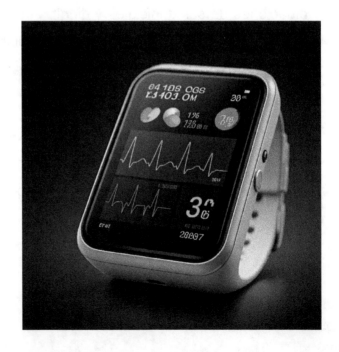

5. IA para programadores: En el ámbito del desarrollo de software, la IA se convierte en un compañero invaluable para automatizar tareas repetitivas, optimizar procesos de desarrollo y potenciar la creatividad en la codificación. Entre sus beneficios encontramos:

   Automatización de pruebas: La IA permite automatizar la ejecución de pruebas de software, liberando tiempo a los programadores para que se centren en tareas más complejas y creativas.

   Generación de código: La IA puede generar código de forma automática a partir de descripciones en lenguaje natural, acelerando el proceso de desarrollo y reduciendo errores.

   Refactorización y depuración de código: La IA puede analizar el código existente y sugerir mejoras en cuanto a legibilidad, eficiencia y mantenibilidad.

   Detección de errores y vulnerabilidades: La IA puede utilizarse para identificar errores de código, encontrar eventuales vulnerabilidades de seguridad y posibles problemas de rendimiento antes de que afecten al producto final.

6. IA para diseñadores: Potenciando la creatividad y la eficiencia
   En el ámbito del diseño, la IA ofrece una gama de herramientas que permiten potenciar la creatividad,

optimizar el flujo de trabajo y generar resultados de alta calidad. Algunos ejemplos son:

Generación de ideas y conceptos: La IA puede ayudar a los diseñadores a generar ideas creativas, explorar diferentes estilos y encontrar soluciones innovadoras a problemas de diseño.

Creación de prototipos y mockups: La IA puede automatizar la creación de prototipos y mockups de interfaces de usuario, agilizando el proceso de diseño y permitiendo una mejor visualización del producto final.

Edición y mejora de imágenes: La IA puede utilizarse para editar y mejorar imágenes, eliminar imperfecciones, ajustar colores y aplicar filtros creativos.

Personalización de diseños: La IA permite crear diseños personalizados para cada usuario, en base a sus preferencias y necesidades.

7. **IA para escritores:** Ayudando a la fluidez, la creatividad y la investigación

Para los escritores, la IA se convierte en una aliada para mejorar la fluidez, la creatividad y la eficiencia en la escritura. Entre sus beneficios encontramos:

Sugerencias de palabras y frases: La IA puede sugerir palabras y frases relevantes en contexto, ayudando a superar el bloqueo del escritor y enriquecer el vocabulario.

Corrección gramatical y ortográfica: La IA puede detectar y corregir errores gramaticales, ortográficos y de puntuación, asegurando una escritura precisa y profesional.

Paráfrasis y reescritura: La IA puede parafrasear y reescribir textos, ayudando a mejorar la claridad, la concisión y el estilo de la escritura.

8. Investigación y recopilación de información: La IA puede ayudar a investigar y recopilar información relevante para el tema que se está escribiendo, ahorrando tiempo y esfuerzo.

En conclusión, la IA se presenta como un asistente invaluable en la vida diaria, el trabajo y la creación de contenido. Su capacidad para automatizar tareas, optimizar procesos, potenciar la creatividad y generar resultados de alta calidad la convierte en una herramienta fundamental para afrontar los retos del mundo actual. A medida que la tecnología continúa evolucionando y que se va integrando dentro de los procesos creativos, permite que los escritores puedan desarrollar sus ideas de una manera más fluida, encontrar puntos de inspiración, realizar corrección de hilos narrativos e incrementar su productividad siendo coescritores con la IA.

¿CÓMO EMPEZAR CON LA IA?

Para el momento que se escribe este libro, la inteligencia artificial (IA) ha dejado ya de ser un concepto futurista y abstracto para convertirse de facto en una realidad tangible que moldea nuestro presente y que transformara nuestro futuro. ¡Si estas leyendo este libro es porque te interesa dar tus primeros pasos en este apasionante campo, y este es el momento! A continuación, te presento una guía básica para principiantes que te ayudará a iniciar tu camino en el fascinante mundo de la IA:

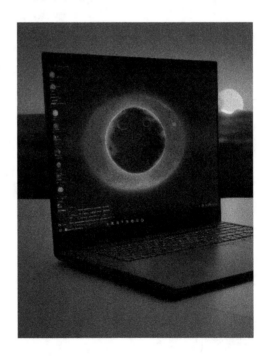

1. REQUERIMIENTOS BÁSICOS:

Para comenzar tu viaje en la IA, no necesitas ser un experto en programación o matemáticas. Sin embargo, sí es importante tener algunos conocimientos básicos de programación que te servirán como base:

- *Pensamiento lógico y analítico:* La IA se sustenta en el análisis de datos y la resolución de problemas, por lo que la capacidad de pensar de forma lógica y analítica será fundamental.

- *Nociones básicas de programación*: Si bien como se mencionó no es necesario ser un programador experto, si es necesario comprender los principios básicos de la programación lo que te permitirá interactuar mejor con las herramientas de IA y entender su funcionamiento.

- *Interés por las matemáticas*: La IA está estrechamente relacionada con las matemáticas, especialmente con el álgebra lineal, el cálculo y las probabilidades. Si bien no necesitas ser un experto en matemáticas, el tener una base sólida en estas áreas te facilitará el aprendizaje.

2. Herramientas disponibles en el mercado:

Afortunadamente, existen diversas herramientas en el mercado que facilitan el aprendizaje y la experimentación con la IA, incluso para principiantes. Algunas de las opciones más populares incluyen:

- **Plataformas de aprendizaje online:** Coursera, edX y Udemy ofrecen cursos introductorios a la IA, así como cursos más especializados en áreas específicas como el aprendizaje automático o el procesamiento del lenguaje natural.

- **Bibliotecas de código abierto:** TensorFlow, PyTorch y scikit-learn son algunas de las bibliotecas de código abierto más utilizadas para el desarrollo de aplicaciones de IA. Estas bibliotecas ofrecen una amplia gama de funciones y herramientas que facilitan la creación de modelos de IA.

- **Entornos de desarrollo en la nube:** Google Colab y Kaggle Notebooks son plataformas que ofrecen entornos de desarrollo en la nube, lo que te permite trabajar en proyectos de IA sin necesidad de instalar software en tu ordenador.

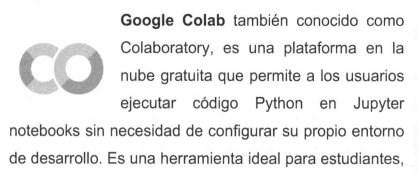 **Google Colab** también conocido como Colaboratory, es una plataforma en la nube gratuita que permite a los usuarios ejecutar código Python en Jupyter notebooks sin necesidad de configurar su propio entorno de desarrollo. Es una herramienta ideal para estudiantes, investigadores y desarrolladores que desean trabajar con datos, entrenar modelos de aprendizaje automático o

crear aplicaciones web sin la carga de instalar y mantener software.

Características principales:

Acceso gratuito: Google Colab es completamente gratuito y no requiere suscripción. Solo se necesita contar con una cuenta de Google para acceder a la plataforma.

Entorno de trabajo en la nube: No es necesario instalar ningún software en su computadora local. Todo el procesamiento y almacenamiento se realiza en los servidores de Google, lo que le permite trabajar desde cualquier lugar con una conexión a internet.

Jupyter Notebooks: Google Colab utiliza Jupyter notebooks, una interfaz interactiva basada en texto que permite combinar código, texto y resultados en un solo documento.

Soporte para Python: Google Colab viene preinstalado con Python y una variedad de bibliotecas populares para el aprendizaje automático y el análisis de datos, como NumPy, Pandas, TensorFlow y scikit-learn.

Integración con Google Drive: Google Colab se integra a la perfección con Google Drive, lo que le permite cargar y guardar sus notebooks y datos fácilmente.

Compartición de notebooks: Puede compartir sus notebooks con otros usuarios de Google Colab o exportarlos como archivos HTML o PDF.

Recursos informáticos escalables: Colab ofrece acceso a recursos informáticos escalables, incluyendo GPUs y TPUs, para tareas de aprendizaje automático que requieren un alto rendimiento computacional.

Beneficios de usar Google Colab:

Facilidad de uso: Google Colab es fácil de usar y no requiere conocimientos avanzados de informática.

Accesibilidad: Puede acceder a Colab desde cualquier dispositivo con una conexión a internet, lo que lo convierte en una herramienta ideal para trabajar en equipo o de forma remota.

Reducción de costos: Al eliminar la necesidad de configurar y mantener su propio entorno de desarrollo, Colab puede ahorrarle tiempo y dinero.

Flexibilidad: Colab ofrece una gran flexibilidad para trabajar con diferentes tipos de proyectos, desde el análisis de datos hasta el aprendizaje automático y el desarrollo de aplicaciones web.

Comunidad: Google Colab cuenta con una comunidad activa de usuarios que pueden brindarle ayuda y soporte.

Casos de uso:

Análisis de datos: Colab es ideal para explorar y analizar conjuntos de datos utilizando bibliotecas como NumPy, Pandas y Matplotlib.

Aprendizaje automático: Colab puede usarse para entrenar y evaluar modelos de aprendizaje automático utilizando bibliotecas como TensorFlow y scikit-learn.

Desarrollo de aplicaciones web: Colab puede usarse para desarrollar aplicaciones web utilizando bibliotecas como Flask y Django.

Educación: Colab es una herramienta valiosa para la enseñanza y el aprendizaje de conceptos de programación, análisis de datos y aprendizaje automático.

Investigación: Colab puede usarse para realizar investigaciones en diversas áreas, como la ciencia de datos, la inteligencia artificial y la robótica.

 **Kaggle :** es una plataforma en línea que reúne a científicos de datos, analistas de machine learning y entusiastas de la IA de todo el mundo. Ofrece una variedad de recursos para

aprender, competir y colaborar en proyectos de ciencia de datos y machine learning.

Características principales:

Competiciones: Kaggle organiza competiciones de ciencia de datos en las que los participantes compiten para desarrollar modelos de machine learning que resuelvan problemas complejos utilizando conjuntos de datos proporcionados. Los ganadores reciben premios en efectivo y reconocimiento en la comunidad.

Datasets: Kaggle alberga una amplia biblioteca de conjuntos de datos públicos que pueden ser utilizados para entrenamiento, evaluación y experimentación con modelos de machine learning.

Kernels: Los kernels son cuadernos interactivos que permiten a los usuarios compartir su código, resultados y análisis con otros usuarios de la plataforma.

Aprendizaje: Kaggle ofrece cursos y tutoriales gratuitos sobre una variedad de temas relacionados con la ciencia de datos y el machine learning.

Comunidades: Kaggle alberga comunidades activas donde los usuarios pueden discutir temas de interés común, hacer preguntas y colaborar en proyectos.

Beneficios de usar Kaggle:

Aprender de los mejores: Kaggle reúne a algunos de los científicos de datos y expertos en machine learning más talentosos del mundo. Al participar en competiciones, leer kernels y colaborar con otros usuarios, puede aprender de las mejores prácticas y mejorar sus habilidades.

Desarrollar sus habilidades: Kaggle le brinda la oportunidad de poner en práctica sus habilidades de ciencia de datos y machine learning en proyectos reales y desafiantes.

Ganar reconocimiento: Si tiene éxito en las competiciones de Kaggle, puede ganar premios en efectivo y reconocimiento en la comunidad, lo que puede impulsar su carrera.

Conectar con otros: Kaggle es una excelente manera de conectarse con otros científicos de datos y entusiastas de la IA de todo el mundo. Puede aprender de sus experiencias, colaborar en proyectos y construir relaciones profesionales.

Mantenerse actualizado: Kaggle es una fuente valiosa de información sobre las últimas tendencias y avances en el campo de la ciencia de datos y el machine learning.

Casos de uso:

Aprender ciencia de datos y machine learning: Kaggle es un excelente recurso para aprender sobre ciencia de datos y machine learning, ya sea que sea un principiante o un profesional experimentado.

Practicar sus habilidades: Kaggle le brinda la oportunidad de poner en práctica sus habilidades de ciencia de datos y machine learning en proyectos reales y desafiantes.

Participar en competiciones: Kaggle organiza competiciones de ciencia de datos en las que puede competir contra otros participantes para desarrollar modelos de machine learning que resuelvan problemas complejos.

Colaborar en proyectos: Kaggle puede usarse para colaborar en proyectos de ciencia de datos y machine learning con otros usuarios de la plataforma.

Mantenerse actualizado: Kaggle es una fuente valiosa de información sobre las últimas tendencias y avances en el campo de la ciencia de datos y el machine learning.

3. Consumiendo herramientas de IA:
Existen dos formas principales de consumir herramientas de IA:

1. **Interfaces gráficas de usuario (GUI):** Muchas herramientas de IA ofrecen interfaces gráficas que te

permiten utilizar sus funcionalidades sin necesidad de escribir código. Esto las hace ideales para principiantes que aún no están familiarizados con la programación.

2. **APIs (Interfaces de programación de aplicaciones):** Las APIs permiten que otras aplicaciones o programas interactúen con las funcionalidades de una herramienta de IA. Si tienes conocimientos de programación, puedes utilizar las APIs para integrar la IA en tus propias aplicaciones o proyectos.

4. Ejemplo de código en Java:

A continuación, se muestra un breve ejemplo de código en Java que utiliza la API de la biblioteca TensorFlow para clasificar imágenes de flores:

Java

1.	import org.tensorflow.SavedModel;
2.	import org.tensorflow.Tensor;
3.	import org.tensorflow.contrib.session.Predict;
4.	
5.	public class ClasificadorFlores {
6.	public static void main(String[] args) throws Exception {
7.	// Carga el modelo de IA entrenado
8.	SavedModel model = SavedModel.load("modelo_flores");
9.	// Lee la imagen que se desea clasificar
10.	byte[] imagen = leerImagen("imagen.jpg");
11.	// Prepara el tensor de entrada

12.	Tensor inputTensor = Tensor.create(imagen);
13.	// Realiza la predicción
14.	Tensor[] predictions = model.session().run(
15.	new String[]{"probabilidades"},
16.	new Object[]{inputTensor}
17.	);
18.	
19.	// Obtiene la clase predicha
20.	int clasePredicha = predictions[0].argmax(0).asInt();
21.	
22.	// Muestra la clase predicha
23	System.out.println("La imagen pertenece a la clase: " +
24.	clasePredicha);
25	}
26.	
27.	private static byte[] leerImagen(String rutaImagen) {
28.	// Implementa la lógica para leer la imagen especificada
29.	return null;
30.	}
31	}
Usa el código con precaución.	

Tenga en cuenta que este es solo un ejemplo básico, y la complejidad del código variará según la tarea específica que desees realizar. Sin embargo, el objetivo de este código es brindarte te da una idea de cómo puedes utilizar las APIs de IA para integrar la inteligencia artificial en tus aplicaciones.

Recuerda:

- **Comienza despacio:** No trates de abarcar demasiado al principio. Empieza con conceptos básicos y herramientas sencillas, y ve aumentando gradualmente la complejidad a medida que avanzas.
- **Practica constantemente:** La mejor manera de aprender IA y profundizar tus conocimientos es practicando. Existen diversos conjuntos de datos y proyectos de IA disponibles online que puedes utilizar para poner a prueba tus habilidades.
- **Adéntrate en el mundo de la IA:** Una guía para principiantes

5. Recursos adicionales:

- **Comunidades online:** Existen diversas comunidades online dedicadas a la IA, donde puedes encontrar ayuda, compartir ideas y aprender de otros entusiastas de la IA. Algunos ejemplos incluyen:
- **Foros de discusión:** Reddit, Stack Overflow y Kaggle son algunos de los foros de discusión más populares donde puedes encontrar información y ayuda sobre IA.
- **Grupos de redes sociales:** Facebook, LinkedIn y Meetup ofrecen grupos donde puedes conectarte con otros interesados en la IA en tu área.
- **Eventos y conferencias:** Se celebran eventos y conferencias sobre IA en todo el mundo. Estos eventos

son una excelente oportunidad para aprender sobre las últimas investigaciones y tendencias en el campo, así como para establecer contactos con otros profesionales de la IA.

6. Consejos para tener en cuenta:

- **Sé paciente:** La IA es un campo el cual a pesar de estar iniciando sus etapas es complejo y en constante evolución. No te desanimes si no entiendes algo al principio. Con tiempo, esfuerzo y dedicación, podrás alcanzar tus metas en el mundo de la IA.

- **Diviértete**: Aprender sobre IA debería ser una experiencia agradable. Elige proyectos que te apasionen y explora diferentes áreas del campo para encontrar lo que más te interesa.

- **No tengas miedo de cometer errores:** Considera que todos cometemos errores en el proceso de aprendizaje. Lo importante es aprender de ellos y seguir adelante.

- Recuerda que la IA es un campo vasto y lleno de oportunidades, que el futuro se sustenta en como lleves a cabo tu interacción con ella. Esto aunado a que tengas la actitud correcta, los recursos adecuados y una dosis de pasión, puedes convertirte en un experto capacitado en potenciar tus habilidades con IA apalancándote en ella para multiplicar tus destrezas y marcar la diferencia en el mundo.

PARTE 1: FUNDAMENTOS IA

En este capítulo, nos embarcaremos en un fascinante viaje para comprender los principios básicos de la inteligencia artificial (IA). Exploraremos las ideas fundamentales que han dado forma a este campo en constante evolución, desde sus inicios hasta las últimas tecnologías de vanguardia y daremos un repaso básico a algunos algoritmos que potencian el desarrollo de esta tecnología.

REPASO DE ALGORITMOS BÁSICOS

En esta sección, repasaremos algunos algoritmos básicos que son esenciales para comprender la inteligencia artificial.

BÚSQUEDA:

La búsqueda es un algoritmo que se utiliza para encontrar un elemento específico en una colección de datos. Algunos algoritmos de búsqueda comunes son:

- Búsqueda lineal:

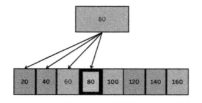

Busqueda Lineal

Este algoritmo recorre la colección de datos elemento por elemento hasta encontrar el elemento que busca.

Java:

1.	**public** class BusquedaLineal {
2.	
3.	**public** static int buscar(int[] arr, int objetivo) {
4.	for (int i = 0; i < arr.length; i++) {
5.	if (arr[i] == objetivo) {
6.	return i;
7.	}
8.	}
9.	return -1; // No encontrado
10.	}
11.	
12.	**public** static void main(String[] args) {
13.	int[] arr = {2, 5, 8, 12, 16};
14.	int objetivo = 12;
15.	
16.	int indice = buscar(arr, objetivo);
17.	
18.	if (indice != -1) {
19.	System.out.println("El elemento " + objetivo + " se encuentra en el índice " + indice);
20.	} else {
21.	System.out.println("El elemento " + objetivo + " no se encuentra en el arreglo.");
22.	}
23.	}
24.	}

Usa el código con precaución.

Python:

1.	def busqueda_lineal(array, objetivo):
2.	"""

3.	Función para realizar una búsqueda lineal en un array.
4.	Args:
5.	array: El array en el que se quiere buscar.
6.	objetivo: El elemento que se busca.
7.	
8.	Returns:
9.	El índice del elemento objetivo si se encuentra, o -1 si no se encuentra.
10.	"""
11.	for i in range(len(array)):
12.	if array[i] == objetivo:
13.	return i
14.	return -1
15.	array = [2, 5, 8, 12, 16]
16.	objetivo = 12
17.	indice = busqueda_lineal(array, objetivo)
18.	if indice != -1:
19.	print("El elemento", objetivo, "se encuentra en el índice", indice)
20.	else:
21.	print("El elemento", objetivo, "no se encuentra en el array.")

- Búsqueda binaria:

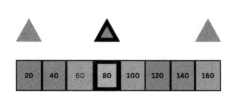

Busqueda Binaria

Este algoritmo divide la colección de datos en dos mitades y luego busca el elemento en la mitad que contiene el elemento buscado. Este proceso se repite hasta que se encuentra el elemento.

Java

1.	public class BusquedaBinaria {
2.	public static int buscar(int[] arr, int objetivo) {
3.	int inicio = 0;
4.	int fin = arr.length - 1;
5.	while (inicio <= fin) {
6.	int medio = inicio + (fin - inicio) / 2;
7.	if (arr[medio] == objetivo) {
8.	return medio;
9.	} else if (arr[medio] < objetivo) {
10.	inicio = medio + 1;
11.	} else {
12.	fin = medio - 1;
13.	}
14.	}
15.	
16.	return -1; // No encontrado

17.	}
18.	
19.	public static void main(String[] args) {
20.	int[] arr = {2, 5, 8, 12, 16, 23, 38, 56, 72, 91};
21.	int objetivo = 56;
22.	
23.	int indice = buscar(arr, objetivo);
24.	
25.	if (indice != -1) {
26.	System.out.println("El elemento " + objetivo + " se encuentra en el índice " + indice);
27.	} else {
28.	System.out.println("El elemento " + objetivo + " no se encuentra en el arreglo.");
29.	}
30.	}
31.	}

Python

1.	def busqueda_binaria(array, objetivo):
2.	"""
3.	Función para realizar una búsqueda binaria en un array ordenado.
4.	
5.	Args:
6.	array: El array ordenado en el que se quiere buscar.
7.	objetivo: El elemento que se busca.
8.	
9.	Returns:
10.	El índice del elemento objetivo si se encuentra, o -1 si no se encuentra.
11.	"""
12.	inicio = 0

13.	fin = len(array) - 1
14.	
15.	while inicio <= fin:
16.	medio = (inicio + fin) // 2
17.	
18.	if array[medio] == objetivo:
19.	return medio
20.	elif array[medio] < objetivo:
21.	inicio = medio + 1
22.	else:
23.	fin = medio - 1
24.	
25.	return -1
26.	
27.	array = [2, 5, 8, 12, 16, 23, 38, 56, 72, 91]
28.	objetivo = 56
29.	
30.	indice = busqueda_binaria(array, objetivo)
31.	
32.	if indice != -1:
33.	print("El elemento", objetivo, "se encuentra en el índice", indice)
34.	else:
35.	print("El elemento", objetivo, "no se encuentra en el array.")

- Búsqueda por hash:

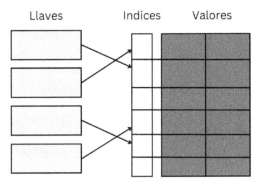

Llaves   Indices   Valores

Busqueda Hash

Este algoritmo utiliza una función hash para convertir el elemento que se busca en un índice. El elemento se busca entonces en la colección de datos en la ubicación indicada por el índice.

El termino Hash, se refiere específicamente a una función o llave que permite representar de manera univoca un registro, documento, grafico, etc.

Java

1.	import java.util.HashMap;
2.	
3.	public class BusquedaHash {
4.	
5.	public static void main(String[] args) {
6.	// Crear una tabla hash
7.	HashMap<String, String> tablaHash = new HashMap<>();
8.	
9.	// Agregar elementos a la tabla hash

10.	tablaHash.put("nombre", "Juan Perez");
11.	tablaHash.put("edad", "30");
12.	tablaHash.put("ciudad", "Medellín");
13.	
14.	// Buscar un elemento por clave
15.	String clave = "edad";
16.	String valor = tablaHash.get(clave);
17.	
18.	if (valor != null) {
19.	System.out.println("El valor de la clave " + clave + " es: " + valor);
20.	} else {
21.	System.out.println("La clave " + clave + " no existe en la tabla hash.");
22.	}
23.	}
24	}

Python

1.	diccionario = {"nombre": "Juan Perez", "edad": 30, "ciudad": "Medellín"}
2.	
3.	clave = "edad"
4.	
5.	if clave in diccionario:
6.	valor = diccionario[clave]
7.	print ("El valor de la clave", clave, "es:", valor)
8.	else:
9.	print ("La clave", clave, "no existe en el diccionario.")

ORDENAMIENTO:

El ordenamiento es un algoritmo que se utiliza para organizar una colección de datos en un orden específico. Algunos algoritmos de ordenamiento comunes son:

- Ordenamiento por burbuja

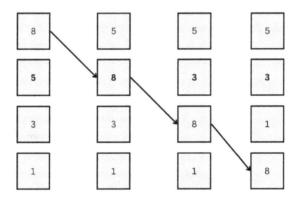

Ordenamiento Burbuja

Este algoritmo compara cada elemento adyacente de la colección de datos y los intercambia si están en orden inverso. Este proceso se repite hasta que la colección de datos esté ordenada.

Java

1.	public class OrdenamientoBurbuja {
2.	
3.	public static void ordenar(int[] array) {
4.	for (int i = 0; i < array.length - 1; i++) {
5.	for (int j = 0; j < array.length - i - 1; j++) {
6.	if (array[j] > array[j + 1]) {
7.	int temp = array[j];
8.	array[j] = array[j + 1];
9.	array[j + 1] = temp;
10.	}
11.	}
12.	}
13.	}
14.	
15.	public static void main(String[] args) {
16.	int[] array = {6, 3, 1, 9, 5, 2, 8, 4, 7};
17.	
18.	System.out.println("Array original:");
19.	for (int i = 0; i < array.length; i++) {
20.	System.out.print(array[i] + " ");
21.	}
22.	
23.	ordenar(array);
24.	
25.	System.out.println("\nArray ordenado:");
26.	for (int i = 0; i < array.length; i++) {
27.	System.out.print(array[i] + " ");
28.	}
29.	}
30.	}

Python

1.	def ordenamiento_burbuja(array):
2.	"""

3.	Función para ordenar un array de enteros usando el método de ordenamiento por burbuja.
4.	
5.	Args:
6.	array: El array de enteros que se quiere ordenar.
7.	
8.	Returns:
9.	El array ordenado.
10.	"""
11.	`    for i in range(len(array) - 1):`
12.	`        for j in range(len(array) - i - 1):`
13.	`            if array[j] > array[j + 1]:`
14.	`                array[j], array[j + 1] = array[j + 1], array[j]`
15.	`    return array`
16.	
17.	`array = [6, 3, 1, 9, 5, 2, 8, 4, 7]`
18.	
19.	`print("Array original:", array)`
20.	
21.	`array_ordenado = ordenamiento_burbuja(array)`
22.	
23.	`print("Array ordenado:", array_ordenado)`

- Ordenamiento por inserción

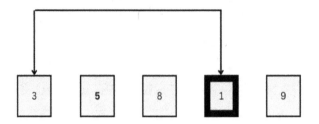

Ordenamiento por Inserción

Este algoritmo inserta cada elemento de la colección de datos en su lugar correcto en la colección ordenada.

Java

1.	`public class OrdenamientoInsercion {`
2.	
3.	`    public static void ordenar(int[] array) {`
4.	`        for (int i = 1; i < array.length; i++) {`
5.	`            int valorActual = array[i];`
6.	`            int j = i - 1;`
7.	
8.	`            while (j >= 0 && array[j] > valorActual) {`
9.	`                array[j + 1] = array[j];`
10.	`                j--;`
11.	`            }`

12.	
13.	`            array[j + 1] = valorActual;`
14.	`        }`
15.	`    }`
16.	
17.	`    public static void main(String[] args) {`
18.	`        int[] array = {6, 3, 1, 9, 5, 2, 8, 4, 7};`
19.	
20.	`        System.out.println("Array original:");`
21.	`        for (int i = 0; i < array.length; i++) {`
22.	`            System.out.print(array[i] + " ");`
23.	`        }`
24.	
25.	`        ordenar(array);`
26.	
27.	`        System.out.println("\nArray ordenado:");`
28.	`        for (int i = 0; i < array.length; i++) {`
29.	`            System.out.print(array[i] + " ");`
30.	`        }`
31.	`    }`
32.	`}`

Python

1.	`def ordenamiento_insercion(array):`
2.	`    """`
3.	`    Función para ordenar un array de enteros usando el método de ordenamiento por inserción.`
4.	
5.	`    Args:`
6.	`        array: El array de enteros que se quiere ordenar.`
7.	
8.	`    Returns:`
9.	`        El array ordenado.`
10.	`    """`
11.	`    for i in range(1, len(array)):`

12.	valor_actual = array[i]
13.	j = i - 1
14.	
15.	while j >= 0 and array[j] > valor_actual:
16.	array[j + 1] = array[j]
17.	j -= 1
18.	
19.	array[j + 1] = valor_actual
20.	return array
21.	
22.	array = [6, 3, 1, 9, 5, 2, 8, 4, 7]
23.	
24.	print("Array original:", array)
25.	
26.	array_ordenado = ordenamiento_insercion(array)
27.	
28	print("Array ordenado:", array_ordenado)

- Ordenamiento por selección:

Este algoritmo encuentra el elemento más pequeño de la colección de datos y lo coloca al principio de la colección. Este proceso se repite hasta que la colección de datos esté ordenada.

Java

1.	public class OrdenamientoSeleccion {
2.	
3.	public static void ordenar(int[] array) {
4.	for (int i = 0; i < array.length - 1; i++) {
5.	int indiceMinimo = i;
6.	
7.	for (int j = i + 1; j < array.length; j++) {
8.	if (array[j] < array[indiceMinimo]) {
9.	indiceMinimo = j;
10.	}
11.	}
12.	
13.	if (i != indiceMinimo) {
14.	int temp = array[i];
15.	array[i] = array[indiceMinimo];
16.	array[indiceMinimo] = temp;
17.	}
18.	}
19.	}
20.	
21.	public static void main(String[] args) {
22.	int[] array = {6, 3, 1, 9, 5, 2, 8, 4, 7};
23.	
24.	System.out.println("Array original:");
25.	for (int i = 0; i < array.length; i++) {
26.	System.out.print(array[i] + " ");
27.	}
28.	
29.	ordenar(array);

30.	
31.	System.out.println("\nArray ordenado:");
32.	for (int i = 0; i < array.length; i++) {
33.	System.out.print(array[i] + " ");
34.	}
35.	}
36.	}

Python

1.	def ordenamiento_seleccion(array):
2.	"""
3.	Función para ordenar un array de enteros usando el método de ordenamiento por selección.
4.	
5.	Args:
6.	array: El array de enteros que se quiere ordenar.
7.	
8.	Returns:
9.	El array ordenado.
10.	"""
11.	for i in range(len(array) - 1):
12.	indice_minimo = i
13.	
14.	for j in range(i + 1, len(array)):
15.	if array[j] < array[indice_minimo]:
16.	indice_minimo = j
17.	
18.	if i != indice_minimo:
19.	array[i], array[indice_minimo] = array[indice_minimo], array[i]
20.	return array
21.	
22.	array = [6, 3, 1, 9, 5, 2, 8, 4, 7]
23.	

24.	print("Array original:", array)
25.	
26.	array_ordenado = ordenamiento_seleccion(array)
27.	
28.	print("Array ordenado:", array_ordenado)

ESTRUCTURAS DE DATOS:

Las estructuras de datos son formas de organizar datos en memoria. Algunas estructuras de datos comunes son:

- ARREGLOS:

Arreglo

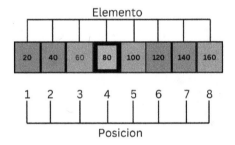

Un array, también conocido como arreglo, matriz o vector, es una estructura de datos que almacena una colección de elementos del mismo tipo bajo un mismo nombre. Los elementos de un array se identifican por medio de índices, los cuales usualmente comienzan en 0 o en 1.

En otras palabras, un array es como una caja con compartimentos numerados, donde cada compartimento puede almacenar un valor del mismo tipo. Los valores almacenados en el array se denominan elementos o miembros del array.

Ejemplo en Pseudocódigo:

1.	// Definición de un array de números enteros
2.	Dimension numeros[5];
3.	// Asignación de valores a los elementos del array
4.	numeros[0] = 10;
5.	numeros[1] = 20;
6.	numeros[2] = 30;
7.	numeros[3] = 40;
8.	numeros[4] = 50;
9.	// Acceso a un elemento específico del array
10.	valor = numeros[2]; // valor = 30
11.	// Recorrer el array y mostrar cada elemento
12.	Para i = 0 Hasta 4 Hacer
13.	Mostrar numeros[i];
14.	Fin Para

Explicación del ejemplo:

- **Definición del array:** La primera línea del código define un array llamado números que puede almacenar hasta 5 valores enteros.

- **Asignación de valores:** Las siguientes líneas asignan valores a los elementos del array utilizando su índice. Por ejemplo, la línea numeros[2] = 30; asigna el valor 30 al tercer elemento del array.

- **Acceso a un elemento**: La línea valor = numeros[2]; recupera el valor del tercer elemento del array y lo almacena en la variable valor.

- **Recorrido del array**: El bucle Para recorre el array desde el primer elemento (índice 0) hasta el último elemento (índice 4). Dentro del bucle, la línea Mostrar numeros[i]; muestra el valor del elemento actual del array.

LISTAS ENLAZADAS:

Listas Enlazadas

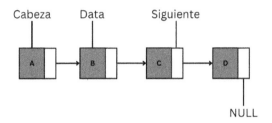

Una lista enlazada es una estructura de datos dinámica que almacena una colección de elementos ordenados, pero a diferencia de los arrays, los elementos no se almacenan en posiciones contiguas en la memoria. En cambio, cada elemento de la lista (llamado nodo) contiene un dato y un enlace al siguiente nodo de la lista.

El primer nodo de la lista se llama nodo cabeza (head), y el último nodo se llama nodo final (tail). Un nodo con enlace NULL indica el final de la lista.

Ejemplo en Pseudocódigo:

1.	// Definición de un nodo de la lista
2.	Estructura nodo {
3.	Dato dato; // El dato almacenado en el nodo
4.	Enlace siguiente; // Enlace al siguiente nodo
5.	}

6.	// Definición de la lista enlazada
7.	Estructura lista {
8.	Nodo head; // Nodo cabeza de la lista
10.	Nodo tail; // Nodo final de la lista
11.	}
12.	
13.	// Función para crear un nuevo nodo
14.	Funcion nodo_nuevo(Dato valor) {
15.	Nodo nuevoNodo;
16.	nuevoNodo.dato = valor;
17.	nuevoNodo.siguiente = NULL;
18.	return nuevoNodo;
19.	}
20.	// Función para insertar un nodo al inicio de la lista
21.	Funcion insertar_inicio(Lista *lista, Dato valor) {
22.	Nodo nuevoNodo = nodo_nuevo(valor);
23.	nuevoNodo.siguiente = lista->head;
24.	lista->head = nuevoNodo;
25.	if (lista->tail == NULL) {
26.	lista->tail = nuevoNodo;
27.	}
28.	}
29.	// Función para imprimir la lista
30.	Funcion imprimir_lista(Lista *lista) {
31.	Nodo actual = lista->head;
32.	Mientras actual != NULL Hacer
33.	Mostrar actual.dato;
34.	actual = actual.siguiente;
35.	Fin Mientras
36.	}

Explicación del ejemplo:

- **Definición de estructuras:** Las estructuras nodo y lista definen la estructura de los nodos y la lista enlazada, respectivamente. Cada nodo tiene un campo dato para almacenar el valor y un campo siguiente para almacenar el enlace al siguiente nodo. La lista tiene campos head para apuntar al nodo cabeza y tail para apuntar al nodo final.

- **Función nodo_nuevo:** Esta función crea un nuevo nodo y le asigna el valor proporcionado. El enlace siguiente del nuevo nodo se inicializa en NULL.

- **Función insertar_inicio:** Esta función inserta un nuevo nodo al inicio de la lista. Primero, crea un nuevo nodo utilizando la función nodo_nuevo. Luego, actualiza el enlace siguiente del nuevo nodo para que apunte al nodo que era el nodo cabeza de la lista. Finalmente, actualiza el nodo cabeza de la lista para que apunte al nuevo nodo. Si la lista estaba vacía, el nodo final también se actualiza para que apunte al nuevo nodo.

- **Función imprimir_lista:** Esta función recorre la lista desde el nodo cabeza hasta el nodo final, imprimiendo el dato de cada nodo.

- PILAS:

Pilas

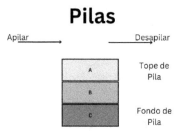

Una pila (en inglés, stack) es una estructura de datos LIFO (Last In, First Out), es decir, el último elemento en entrar es el primero en salir. Esto significa que los elementos se agregan y eliminan de la parte superior de la pila. Las pilas se implementan comúnmente utilizando listas enlazadas o arrays.

Características de las pilas:

- **Acceso LIFO:** El único elemento accesible en una pila es el elemento superior.
- **Operaciones básicas:** Las operaciones básicas de una pila son:
- **push:** Agrega un nuevo elemento a la parte superior de la pila.
- **pop:** Elimina el elemento superior de la pila y lo devuelve.

- **top:** Devuelve el elemento superior de la pila sin eliminarlo.
- **empty:** Indica si la pila está vacía.

Ejemplo en Pseudocódigo:

1.	// Definición de la estructura de la pila
2.	Estructura pila {
3.	Elemento elementos[MAX]; // Array para almacenar los elementos
4.	int cima; // Índice del siguiente elemento a insertar
5.	}
6.	// Función para inicializar la pila
7.	Funcion iniciar_pila(Pila *pila) { pila->cima = 0;
8.	}
9.	// Función para verificar si la pila está vacía
10.	Funcion pila_vacia(Pila *pila) {
11.	return pila->cima == 0;
12.	}
13	// Función para agregar un elemento a la pila
14.	Funcion apilar(Pila *pila, Elemento elemento) {
15.	if (pila->cima < MAX) {
16.	pila->elementos[pila->cima] = elemento;
17.	pila->cima++;
18.	return true;
19.	} else {
20.	return false; // Pila llena
21.	}
22.	}
23.	// Función para eliminar un elemento de la pila
24.	Funcion desapilar(Pila *pila, Elemento *elemento) {

25.	if (pila_vacia(pila)) {
26.	return false; // Pila vacía
27.	} else {
28.	pila->cima--;
29.	*elemento = pila->elementos[pila->cima];
30.	return true;
31.	}
32.	}
33.	// Función para obtener el elemento superior de la pila
34.	Funcion tope(Pila *pila, Elemento *elemento) {
35.	if (pila_vacia(pila)) {
36.	return false; // Pila vacía
37.	} else {
38.	*elemento = pila->elementos[pila->cima - 1];
39.	return true;
40.	}
41.	}

Explicación del ejemplo:

- **Definición de la estructura:** La estructura pila define la estructura de la pila, incluyendo un array elementos para almacenar los elementos y un entero cima que indica el índice del siguiente elemento a insertar.

- **Función iniciar_pila:** Esta función inicializa la pila estableciendo el índice cima en 0.

- **Función pila_vacia:** Esta función verifica si la pila está vacía comprobando si el índice cima es igual a 0.

- **Función apilar:** Esta función agrega un nuevo elemento a la pila. Primero, verifica si hay espacio disponible en la pila. Si hay espacio, agrega el elemento al array en la posición indicada por cima e incrementa cima. Si no hay espacio, devuelve false.

- **Función desapilar:** Esta función elimina un elemento de la pila. Primero, verifica si la pila está vacía. Si no está vacía, decrementa cima y devuelve el elemento que se encontraba en la posición indicada por cima. Si la pila está vacía, devuelve false.

- **Función tope:** Esta función obtiene el elemento superior de la pila sin eliminarlo. Primero, verifica si la pila está vacía. Si no está vacía, devuelve el elemento que se encuentra en la posición indicada por cima - 1. Si la pila está vacía, devuelve false.

- COLAS:

Colas

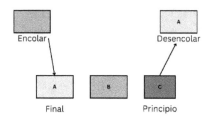

Una cola (queue) es una estructura de datos FIFO (First In, First Out), es decir, el primer elemento en entrar es el primero en salir. Esto significa que los elementos se agregan al final de la cola y se eliminan del frente de la cola. Las colas se implementan comúnmente utilizando listas enlazadas o arrays circulares.

Características de las colas:

- **Acceso FIFO:** El único elemento accesible en una cola es el elemento frontal.
- **Operaciones básicas:** Las operaciones básicas de una cola son:
- **enqueue**: Agrega un nuevo elemento al final de la cola.

- **dequeue:** Elimina el elemento frontal de la cola y lo devuelve.
- **front:** Devuelve el elemento frontal de la cola sin eliminarlo.
- **empty:** Indica si la cola está vacía.

Ejemplo en Pseudocódigo:

1.	// Definición de la estructura de la cola
2.	Estructura cola {
3.	Elemento elementos[MAX]; // Array para almacenar los elementos
4.	int frente; // Índice del primer elemento
5.	int fin; // Índice del siguiente elemento a insertar
6.	}
7.	
8.	// Función para inicializar la cola
9.	Funcion iniciar_cola(Cola *cola) {
10.	cola->frente = 0;
11.	cola->fin = 0;
12.	}
13.	
14.	// Función para verificar si la cola está vacía
15.	Funcion cola_vacia(Cola *cola) {
16.	return cola->frente == cola->fin;
17.	}
18.	
19.	// Función para agregar un elemento a la cola
20.	Funcion encolar(Cola *cola, Elemento elemento) {
21.	if ((cola->fin + 1) % MAX != cola->frente) {
22.	cola->elementos[cola->fin] = elemento;
23.	cola->fin = (cola->fin + 1) % MAX;
24.	return true;

25.	} else {
26.	return false; // Cola llena
27.	}
28.	}
29.	
30.	// Función para eliminar un elemento de la cola
31.	Funcion desencolar(Cola *cola, Elemento *elemento) {
32.	if (cola_vacia(cola)) {
33.	return false; // Cola vacía
34.	} else {
35.	*elemento = cola->elementos[cola->frente];
36.	cola->frente = (cola->frente + 1) % MAX;
37.	return true;
38.	}
39.	}
40.	
41.	// Función para obtener el elemento frontal de la cola
42.	Funcion frente_cola(Cola *cola, Elemento *elemento) {
43.	if (cola_vacia(cola)) {
44.	return false; // Cola vacía
45.	} else {
46.	*elemento = cola->elementos[cola->frente];
47.	return true;
48.	}
49.	}

Explicación del ejemplo:

- **Definición de la estructura:** La estructura cola define la estructura de la cola, incluyendo un array elementos para almacenar los elementos, dos enteros frente y fin que indican el índice del primer elemento y el siguiente elemento a insertar, respectivamente.

- **Función iniciar_cola**: Esta función inicializa la cola estableciendo los índices frente y fin en 0.

- **Función cola_vacia**: Esta función verifica si la cola está vacía comprobando si los índices frente y fin son iguales.

- **Función encolar:** Esta función agrega un nuevo elemento a la cola. Primero, verifica si hay espacio disponible en la cola. Si hay espacio, agrega el elemento al array en la posición indicada por fin y actualiza fin. Si no hay espacio, devuelve false.

- **Función desencolar**: Esta función elimina un elemento de la cola. Primero, verifica si la cola está vacía. Si no está vacía, devuelve el elemento que se encontraba en la posición indicada por frente y actualiza frente. Si la cola está vacía, devuelve false.

- **Función frente_cola:** Esta función obtiene el elemento frontal de la cola sin eliminarlo. Primero, verifica si la cola está vacía. Si no está vacía, devuelve el elemento que se encuentra en la posición indicada por frente. Si la cola está vacía, devuelve false.

Es importante tener una comprensión básica de estos algoritmos y estructuras de datos para poder comprender la inteligencia artificial.

PARTE 2: APLICACIONES PRACTICAS

En esta parte del libro, exploraremos algunas de las aplicaciones prácticas de la IA en el mundo real. Cubriremos una amplia gama de áreas, desde la automatización de tareas hasta la creación de contenido, para mostrar cómo la IA se puede utilizar para mejorar nuestras vidas.

Automatización de tareas

La IA puede ser una herramienta poderosa para automatizar tareas repetitivas y tediosas, liberando nuestro tiempo para que podamos concentrarnos en actividades más creativas y productivas. Algunas de las áreas donde la automatización de tareas está teniendo un mayor impacto son:

- **Procesamiento de documentos:** La IA puede usarse para automatizar la extracción de datos de documentos, la clasificación de documentos y la generación de informes.
- **Atención al cliente:** La IA puede usarse para crear chatbots que puedan responder preguntas frecuentes, resolver problemas básicos y brindar asistencia a los clientes.
- **Entrada de datos:** La IA puede usarse para automatizar la entrada de datos en formularios, sistemas y bases de datos.

Análisis de datos

La IA puede ser una herramienta invaluable para analizar grandes cantidades de datos y obtener información valiosa de ellos. Algunas de las áreas donde el análisis de datos está siendo utilizado con mayor éxito son:

- **Marketing:** La IA puede usarse para analizar el comportamiento del cliente y segmentar las audiencias para campañas de marketing más efectivas.

  Análisis descriptivo de datos de clients
  Java

1.	`import java.util.*;`
2.	
3.	`public class AnalisisDescriptivoClientes {`
4.	
5.	`    public static void main(String[] args) {`
6.	`        // Crear una lista de clientes`
7.	`        List<Cliente> clientes = new ArrayList<>();`
8.	`        clientes.add(new Cliente("Juan Perez", 30, "Medellín", "Masculino"));`
9.	`        clientes.add(new Cliente("Ana Lopez", 25, "Bogotá", "Femenino"));`
10.	`        clientes.add(new Cliente("Carlos Diaz", 42, "Cali", "Masculino"));`
11.	`        clientes.add(new Cliente("Maria Gomez", 28, "Medellín", "Femenino"));`
12.	
13.	`        // Calcular edad promedio`
14.	`        int edadTotal = 0;`
15.	`        for (Cliente cliente : clientes) {`
16.	`            edadTotal += cliente.getEdad();`

17.	}
18.	double edadPromedio = (double) edadTotal / clientes.size();
19.	
20.	// Calcular distribución de género
21.	int cantidadHombres = 0;
22.	int cantidadMujeres = 0;
23.	for (Cliente cliente : clientes) {
24.	if (cliente.getGenero().equals("Masculino")) {
25.	cantidadHombres++;
26.	} else {
27.	cantidadMujeres++;
28.	}
29.	}
30.	
31.	// Imprimir resultados
32.	System.out.println("Edad promedio de los clientes: " + edadPromedio);
33.	System.out.println("Cantidad de hombres: " + cantidadHombres);
34.	System.out.println("Cantidad de mujeres: " + cantidadMujeres);
35.	}
36.	}
37.	
38.	class Cliente {
39.	private String nombre;
40.	private int edad;
41.	private String ciudad;
42.	private String genero;
43.	
44.	public Cliente(String nombre, int edad, String ciudad, String genero) {
45.	this.nombre = nombre;
46.	this.edad = edad;
47.	this.ciudad = ciudad;

48.	this.genero = genero;
49.	}
50.	
51.	// Getters y setters
52.	// ...
53.	}
	Usa el código con precaución.

- **Finanzas:** La IA puede usarse para detectar fraudes, predecir riesgos y tomar decisiones de inversión más inteligentes.
- **Cuidado de la salud:** La IA puede usarse para analizar registros médicos, diagnosticar enfermedades y personalizar el tratamiento para los pacientes.

Toma de decisiones

La IA puede ayudar a tomar mejores decisiones al analizar grandes cantidades de datos y identificar patrones que los humanos podrían pasar por alto. Algunas de las áreas donde la IA está siendo utilizada para mejorar la toma de decisiones son:

- **Recursos humanos:** La IA puede usarse para seleccionar candidatos para puestos de trabajo, evaluar el desempeño de los empleados y planificar la sucesión.

- **Cadena de suministro:** La IA puede usarse para optimizar la gestión de inventario, la planificación de la demanda y el transporte.
- **Gobierno:** La IA puede usarse para combatir el crimen, prevenir el fraude y mejorar la prestación de servicios públicos.

Creación de contenido

La IA puede ser utilizada para generar contenido creativo, como textos, imágenes y videos. Algunas de las áreas donde la IA está siendo utilizada para crear contenido son:

- **Redacción de textos:** La IA puede usarse para generar artículos de noticias, publicaciones en redes sociales y textos publicitarios.
- **Generación de imágenes:** La IA puede usarse para crear imágenes realistas, como fotos de personas o paisajes que no existen en la realidad.
- **Diseño gráfico:** La IA puede usarse para crear logos, banners y otros elementos de diseño gráfico.

Otras aplicaciones

Las aplicaciones de la IA se están expandiendo constantemente. Algunas otras áreas donde la IA está siendo utilizada con éxito son:

- **Educación:** La IA puede usarse para personalizar el aprendizaje, crear experiencias de aprendizaje más interactivas y evaluar el progreso de los estudiantes.
- **Cuidado del medio ambiente:** La IA puede usarse para monitorear el cambio climático, combatir la deforestación y proteger la vida silvestre.
- **Exploración espacial:** La IA puede usarse para analizar datos de telescopios, controlar robots espaciales y planificar misiones espaciales.

Conclusión

La IA tiene el potencial de transformar nuestras vidas de muchas maneras. Al aprovechar las aplicaciones prácticas de la IA, podemos mejorar nuestra eficiencia, tomar mejores decisiones, ser más creativos y resolver algunos de los problemas más desafiantes del mundo.

En la siguiente sección, exploraremos cómo empezar a usar la IA para potenciar nuestras habilidades y mejorar nuestra vida.

PARTE 3 IMPLEMENTACION DE PROYECTOS

Introducción: Construyendo el Futuro con IA

La inteligencia artificial (IA) no es solo un campo de estudio; es una herramienta práctica que transforma ideas en soluciones tangibles. Desde sistemas que diagnostican enfermedades hasta aplicaciones que optimizan la agricultura, los proyectos de IA están redefiniendo cómo abordamos problemas complejos. Sin embargo, implementar un proyecto de IA exitoso requiere más que conocimientos técnicos: demanda planificación estratégica, ejecución meticulosa y un enfoque iterativo para superar desafíos.

En esta parte, guiaremos a los lectores a través del proceso de implementación de un proyecto de IA, desde la definición del problema hasta el mantenimiento del sistema. Usaremos como narrativa unificadora el desarrollo de AgriPredict, un sistema ficticio diseñado para predecir rendimientos agrícolas y optimizar recursos en pequeñas fincas. A través de AgriPredict, exploraremos cada etapa del proceso, integrando conceptos técnicos, herramientas prácticas y lecciones de casos reales, como el uso de IA en agricultura por parte de empresas como John Deere y desafíos enfrentados por startups. También abordaremos cómo evitar errores comunes, como el sobreajuste o la falta de datos, y cómo garantizar que el sistema sea escalable y sostenible. Con una sintaxis clara y ejemplos prácticos, esta parte busca capacitar a los lectores para convertir sus ideas en proyectos de IA funcionales.

1. Fundamentos de la Implementación de Proyectos de IA

1.1. ¿Qué Implica Implementar un Proyecto de IA?

Implementar un proyecto de IA significa llevar un concepto desde la idea inicial hasta un sistema funcional que resuelve un problema específico. Este proceso combina ciencia de datos, ingeniería de software y gestión de proyectos, y se divide en cinco etapas principales: planificación, desarrollo, evaluación, despliegue y mantenimiento. Cada etapa presenta desafíos únicos, desde la selección de datos adecuados hasta la optimización de modelos y la integración con sistemas existentes.

Por ejemplo, AgriPredict tiene como objetivo ayudar a pequeños agricultores a predecir el rendimiento de sus cultivos basándose en datos climáticos, de suelo y prácticas agrícolas. Este proyecto requiere no solo algoritmos avanzados, sino también una comprensión profunda del contexto agrícola y las limitaciones de los usuarios, como el acceso limitado a tecnología.

1.2. Principios Clave para el Éxito

Antes de sumergirnos en las etapas, es útil establecer principios clave que guíen la implementación:

Centrado en el Problema: El proyecto debe abordar una necesidad clara y bien definida.

Iterativo: La IA requiere experimentación y ajustes continuos.

Colaborativo: Involucra a expertos en dominios (como agricultores para AgriPredict), ingenieros y científicos de datos.

Ético: Considera el impacto social y los posibles sesgos desde el inicio.

Escalable: Diseña el sistema para crecer y adaptarse a nuevas necesidades.

Estos principios se reflejarán en el desarrollo de AgriPredict, asegurando que el proyecto sea práctico, responsable y sostenible.

1.3. El Caso AgriPredict: Un Punto de Partida

Imaginemos que un equipo de emprendedores desea desarrollar AgriPredict para apoyar a pequeños agricultores en América Latina. El sistema usará datos climáticos (temperatura, precipitación), de suelo (pH, nutrientes) y prácticas agrícolas (tipo de semilla, riego) para predecir el rendimiento de cultivos como maíz y soya. AgriPredict también recomendará ajustes, como cambiar el tipo de fertilizante, para maximizar la producción. Este caso nos permitirá explorar cada etapa de implementación, desde la recopilación de datos hasta la entrega del sistema a los agricultores, enfrentando desafíos reales y aplicando soluciones prácticas.

---

2. Etapa 1: Planificación del Proyecto

Implementación de proyectos de IA

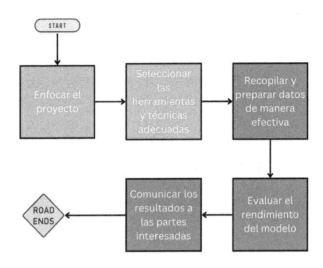

2.1. Definición del Problema

El primer paso en cualquier proyecto de IA es definir el problema de manera clara y específica. Un problema bien definido establece el alcance del proyecto, identifica a los usuarios y determina los criterios de éxito.

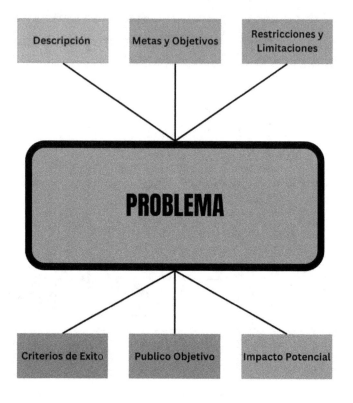

Para AgriPredict, el problema es: "Los pequeños agricultores enfrentan incertidumbre en los rendimientos de sus cultivos debido a condiciones climáticas variables y falta de acceso a datos precisos, lo que reduce su productividad y sostenibilidad económica." El objetivo es desarrollar un sistema que prediga el rendimiento con un margen de error inferior al 10% y ofrezca recomendaciones accionables.

Caso Real: The Yield: La empresa australiana The Yield utiliza IA para predecir rendimientos en cultivos como uvas y manzanas, integrando datos de sensores IoT y modelos climáticos. Su éxito radica en una definición clara del problema: mejorar la toma de decisiones de los agricultores en tiempo real.

2.2. Identificación de Requisitos

Los requisitos incluyen datos, tecnología, equipo y recursos financieros. Para AgriPredict:

Datos: Necesitamos datos históricos de rendimiento, clima (de servicios como NOAA), suelo (de laboratorios agrícolas) y prácticas de cultivo (encuestas a agricultores).

Tecnología: Herramientas como Python, TensorFlow para modelado, y Google Cloud para almacenamiento y procesamiento.

Equipo: Científicos de datos, ingenieros de software, agrónomos y especialistas en UX para diseñar una interfaz amigable.

Presupuesto: Costos de datos, computación en la nube y pruebas de campo.

Desafío Real: Acceso a Datos: Muchas startups de IA agrícola, como Farm-ng, enfrentan dificultades para obtener datos de calidad debido a la falta de digitalización en regiones rurales. AgriPredict podría mitigar esto colaborando con cooperativas agrícolas para recopilar datos.

2.3. Diseño del Flujo de Trabajo

Un flujo de trabajo claro define las tareas y plazos. Para AgriPredict, el flujo incluye:

Recopilación y limpieza de datos (3 meses).

Desarrollo y prueba de modelos (4 meses).

Despliegue piloto en fincas seleccionadas (2 meses).

Iteración y escalamiento (3 meses).

Solución para AgriPredict:

Usar metodologías ágiles, como Scrum, para gestionar el proyecto.

Establecer hitos claros, como un prototipo funcional en 6 meses.

3. Etapa 2: Desarrollo del Modelo

3.1. Recopilación y Preprocesamiento de Datos

Los datos son el combustible de la IA. Para AgriPredict, recopilamos:

- Datos Climáticos: Temperatura, precipitación y humedad de los últimos 10 años.

- Datos de Suelo: pH, nitrógeno, fósforo y potasio de fincas locales.

- Datos Agrícolas: Tipo de semilla, fechas de siembra, riego y fertilizantes.

Desafío Real: Calidad de Datos: En 2020, un proyecto de IA agrícola en India fracasó porque los datos de suelo eran inconsistentes, con valores faltantes y errores de medición. AgriPredict debe abordar esto mediante:

- Validación cruzada de datos con múltiples fuentes.

- Técnicas de imputación para datos faltantes, como el promedio ponderado.

Técnicas de Preprocesamiento:

- Normalización: Escalar valores (ej. temperatura de 0 a 1).

- Codificación: Convertir variables categóricas (tipo de semilla) en numéricas.

- Eliminación de Outliers: Detectar valores extremos (ej. precipitación anómala) usando métodos como Z-score.

3.2. Selección de Algoritmos

El algoritmo adecuado depende del problema. Para AgriPredict, que requiere predicción numérica (rendimiento en toneladas/hectárea), opciones viables incluyen:

- Regresión Lineal: Simple, pero limitada para relaciones no lineales.

- Árboles de Decisión: Robustos, pero propensos al sobreajuste.

- Redes Neuronales: Ideales para capturar patrones complejos, pero requieren más datos y computación.

Caso Real: John Deere: La empresa utiliza redes neuronales recurrentes (RNN) para predecir rendimientos agrícolas, integrando datos temporales de sensores. AgriPredict adoptará un enfoque similar, usando una red neuronal con capas LSTM para modelar secuencias climáticas.

3.3. Entrenamiento del Modelo

El entrenamiento ajusta los parámetros del modelo para minimizar el error. Para AgriPredict:

- Dividimos los datos en entrenamiento (70%), validación (15%) y prueba (15%).

- Usamos TensorFlow para implementar una red neuronal con 3 capas ocultas.

- Optimizamos con el algoritmo Adam y la función de pérdida MSE (Error Cuadrático Medio).

Desafío Real: Sobreajuste: En 2022, una startup de IA agrícola reportó que su modelo funcionaba bien en datos de entrenamiento, pero fallaba en nuevos cultivos. AgriPredict puede mitigar esto con:

- Regularización (Dropout, L2).

- Validación cruzada k-fold.

Código Ejemplo (Python):

```
import tensorflow as tf
from tensorflow.keras.models import Sequential
from tensorflow.keras.layers import Dense, LSTM

# Definir modelo
```

```
model = Sequential([
    LSTM(64, input_shape=(timesteps, features), return_sequences=True),
    LSTM(32),
    Dense(16, activation='relu'),
    Dense(1) # Predicción de rendimiento
])

# Compilar
model.compile(optimizer='adam', loss='mse')

# Entrenar
model.fit(X_train, y_train, validation_data=(X_val, y_val), epochs=50, batch_size=32)
```

4. Etapa 3: Evaluación del Modelo

4.1. Métricas de Evaluación

Evaluar el modelo asegura que cumpla los objetivos. Para AgriPredict, usamos:

- RMSE (Raíz del Error Cuadrático Medio): Mide el error promedio en toneladas/hectárea.

- MAE (Error Absoluto Medio): Evalúa la magnitud de los errores sin penalizar outliers.

- R^2: Indica qué proporción de la varianza explica el modelo.

Caso Real: xAI y Evaluación: Proyectos de xAI, como el análisis de datos agrícolas, han enfatizado la importancia de métricas específicas para contextos reales, asegurando que los modelos sean útiles para los usuarios finales.

4.2. Pruebas en Escenarios Reales

Las pruebas en fincas reales revelan limitaciones del modelo. Para AgriPredict:

- Implementamos un piloto en 10 fincas, comparando predicciones con rendimientos reales.

- Identificamos que el modelo subestima rendimientos en suelos arcillosos, lo que requiere reentrenamiento con más datos de este tipo.

Solución:

- Usar herramientas como TensorBoard para visualizar el rendimiento.

- Iterar el modelo, ajustando hiperparámetros (ej. tasa de aprendizaje).

5. Etapa 4: Despliegue

5.1. Integración con Sistemas Existentes

El despliegue de AgriPredict implica integrarlo con aplicaciones móviles para agricultores, asegurando una interfaz simple. Usamos Flask para crear una API que conecte el modelo con la app.

Código Ejemplo (Flask):

```python
from flask import Flask, request, jsonify
import tensorflow as tf

app = Flask(__name__)
model = tf.keras.models.load_model('agripredict_model.h5')

@app.route('/predict', methods=['POST'])
def predict():
    data = request.json  # Datos de entrada (clima, suelo)
    prediction = model.predict(data)
    return jsonify({'yield': float(prediction)})
```

5.2. Escalabilidad

Para escalar AgriPredict a miles de fincas:

- Usamos Google Cloud para procesamiento en la nube.

- Implementamos almacenamiento distribuido con BigQuery.

Caso Real: IBM Watson: IBM desplegó su plataforma Watson para agricultura, enfrentando desafíos de escalabilidad resueltos con infraestructura en la nube.

---

6. Etapa 5: Mantenimiento

6.1. Monitoreo Continuo

El monitoreo asegura que AgriPredict siga siendo preciso. Usamos métricas en tiempo real para detectar deriva de datos (cambios en patrones climáticos).

6.2. Actualizaciones

Reentrenamos el modelo anualmente con nuevos datos, ajustándolo a cambios como nuevas variedades de semillas.

Desafío Real: Drift en IA: En 2023, un sistema de IA agrícola en Brasil perdió precisión debido a cambios climáticos no anticipados. AgriPredict mitigará esto con reentrenamiento regular.

---

7. Conclusión: De la Idea a la Realidad

La implementación de AgriPredict demuestra que un proyecto de IA exitoso combina planificación rigurosa, desarrollo técnico y adaptación continua. A través de casos reales, como The Yield y John Deere, hemos visto cómo la IA transforma la agricultura, pero también los desafíos de datos, sobreajuste y escalabilidad. Con herramientas como TensorFlow, metodologías ágiles y un enfoque ético, cualquier lector puede llevar sus ideas de IA a la realidad. AgriPredict no es solo un sistema; es un modelo para innovar con responsabilidad y propósito.

PARTE 4: ETICA Y RESPONSABILIDAD

Introducción: La IA como Espejo de Nuestros Valores

La inteligencia artificial (IA) no es solo una herramienta tecnológica; es un reflejo de los valores, prioridades y decisiones de quienes la diseñan, implementan y utilizan. A medida que la IA transforma sectores como la salud, la educación, el trabajo y la seguridad, también plantea preguntas profundas sobre responsabilidad, equidad y humanidad. ¿Cómo aseguramos que los sistemas de IA sean justos? ¿Quién es responsable cuando un algoritmo causa daño? ¿Podemos confiar en la IA para tomar decisiones que afectan vidas humanas? Estas preguntas no son abstractas: son urgentes y requieren un enfoque ético riguroso.

En esta parte, exploraremos los desafíos éticos de la IA, desde los sesgos algorítmicos hasta la privacidad, el impacto social y los dilemas emergentes como las armas autónomas y la manipulación digital. A través de un caso de estudio recurrente —el desarrollo de un sistema de IA para diagnóstico médico llamado "MediAI"— tejeremos una narrativa que ilustra cómo los principios éticos se aplican en la práctica. Analizaremos casos reales, como el escándalo de COMPAS y los deepfakes, y nos apoyaremos en marcos éticos establecidos, como los principios de la UNESCO y las directrices de IEEE, para proponer soluciones concretas. Al final, nuestro objetivo es equipar a los lectores con una comprensión clara de cómo la ética puede guiar el desarrollo responsable de la IA, asegurando que esta tecnología amplifique lo mejor de la humanidad.

1. Fundamentos de la Ética en IA

1.1. ¿Qué es la Ética en IA?

La ética en IA se refiere al estudio y aplicación de principios morales en el diseño, desarrollo, implementación y uso de sistemas inteligentes. A diferencia de la ética tradicional, que se centra en acciones humanas, la ética en IA aborda la responsabilidad compartida entre humanos y máquinas, considerando cómo los algoritmos toman decisiones, afectan vidas y reflejan valores sociales.

Un sistema de IA no es moralmente neutral. Sus decisiones —como aprobar un préstamo, diagnosticar una enfermedad o priorizar contenido en redes sociales— están moldeadas por los datos con los que se entrena, las decisiones de diseño de sus creadores y el contexto en el que se implementa. Por ejemplo, MediAI, nuestro sistema ficticio de diagnóstico médico, podría recomendar tratamientos basados en datos de pacientes, pero si esos datos están sesgados (por ejemplo, subrepresentando a mujeres o minorías), sus recomendaciones podrían ser injustas.

1.2. Principios Éticos Fundamentales

Varios marcos éticos han surgido para guiar el desarrollo de la IA. Entre los más relevantes están:

- Principios de la UNESCO para la IA (2021): Promueven el respeto a los derechos humanos, la transparencia, la equidad y la sostenibilidad. Exigen que la IA sea inclusiva y no perpetúe discriminaciones.

- Directrices Éticas de IEEE (2019): Enfocadas en la responsabilidad, la privacidad y el bienestar humano, abogan por auditorías regulares de sistemas de IA y la participación de diversas partes interesadas.

- Principios de Asilomar (2017): Un conjunto de 23 principios desarrollados por expertos en IA, que incluyen la seguridad, la transparencia y la alineación con valores humanos.

Estos marcos coinciden en que la IA debe ser transparente (sus decisiones deben ser comprensibles), justa (sin sesgos injustificados), responsable (con clara asignación de responsabilidades) y centrada en el ser humano (priorizando el bienestar). En el caso de MediAI, aplicar estos principios implicaría garantizar que el sistema explique sus diagnósticos, use datos representativos y sea auditado para evitar errores perjudiciales.

1.3. El Caso MediAI: Un Punto de Partida

Imaginemos que una empresa tecnológica desarrolla MediAI, un sistema de IA diseñado para diagnosticar enfermedades a partir de imágenes médicas y datos clínicos. MediAI promete mejorar el acceso a la atención médica en regiones desatendidas, pero su implementación plantea desafíos éticos. ¿Cómo aseguramos que MediAI no discrimine a ciertos grupos? ¿Qué sucede si sus diagnósticos son erróneos? ¿Quién tiene acceso a los datos de los pacientes? Estas preguntas guiarán nuestra exploración, conectando los conceptos éticos con escenarios prácticos.

2. Desafíos Éticos en la IA

2.1. Sesgos Algorítmicos: La Injusticia Codificada

Uno de los mayores desafíos éticos es el sesgo algorítmico, que ocurre cuando un sistema de IA produce resultados injustos debido a datos sesgados, diseño defectuoso o suposiciones implícitas. Los sesgos pueden ser:

- Sesgos de Datos: Si los datos de entrenamiento no representan a todos los grupos, el modelo reflejará esas desigualdades. Por ejemplo, si MediAI se entrena principalmente con datos de pacientes masculinos, podría ser menos preciso para diagnosticar enfermedades en mujeres.

- Sesgos de Diseño: Las decisiones de los desarrolladores, como priorizar ciertas métricas, pueden introducir sesgos. Por ejemplo, optimizar MediAI para rapidez podría sacrificar precisión en casos complejos.

- Sesgos de Contexto: El uso de un modelo en un entorno diferente al previsto puede generar resultados injustos. MediAI, diseñado para hospitales urbanos, podría fallar en comunidades rurales con menos recursos.

Caso Real: COMPAS: En 2016, una investigación de ProPublica reveló que COMPAS, un algoritmo utilizado en EE.UU. para predecir el riesgo de reincidencia criminal, era sesgado contra personas afroamericanas. Aunque el algoritmo no usaba raza como variable, factores correlacionados (como códigos postales o antecedentes) perpetuaban desigualdades. Este caso destacó la importancia de auditar algoritmos y cuestionar sus supuestos.

Solución para MediAI: Para mitigar sesgos, los desarrolladores de MediAI podrían:

- Usar conjuntos de datos diversos, incluyendo pacientes de diferentes géneros, etnias y regiones.

- Implementar métricas de equidad, como la igualdad de tasas de error entre grupos.

- Realizar auditorías externas, involucrando a expertos en ética y comunidades afectadas.

2.2. Privacidad y Seguridad de Datos

La IA depende de grandes cantidades de datos, lo que plantea riesgos para la privacidad. Los sistemas como MediAI recopilan información sensible (historias clínicas, imágenes médicas), que podría ser mal utilizada si no se protege adecuadamente.

Caso Real: Cambridge Analytica: En 2018, se descubrió que Cambridge Analytica había recopilado datos de millones de usuarios de Facebook sin consentimiento, utilizando IA para influir en elecciones. Este escándalo subrayó la necesidad de regulaciones como el GDPR (Reglamento General de Protección de Datos) de la UE.

Dilemas Emergentes: En 2025, el auge de la IA generativa (como modelos de lenguaje avanzados) ha intensificado los riesgos de privacidad. Por ejemplo, los datos utilizados para entrenar modelos podrían ser reconstructibles, exponiendo información personal.

Además, los ataques de ciberseguridad dirigidos a sistemas de IA, como la inyección de datos maliciosos, son una amenaza creciente.

Solución para MediAI:

- Implementar técnicas de privacidad diferencial, que añaden ruido a los datos para proteger la identidad de los pacientes.

- Usar cifrado de extremo a extremo para las transferencias de datos.

- Cumplir con regulaciones como GDPR y HIPAA (en EE.UU.), asegurando el consentimiento informado de los pacientes.

2.3. Impacto Social: Empleo, Desigualdad y Confianza

La IA transforma la sociedad, pero también genera desafíos:

- Desplazamiento Laboral: La automatización amenaza empleos en sectores como manufactura, transporte y atención al cliente. Por ejemplo, MediAI podría reducir la necesidad de radiólogos, afectando su empleo.

- Desigualdad: El acceso desigual a la IA amplifica la brecha digital. Comunidades rurales podrían no beneficiarse de MediAI si carecen de infraestructura tecnológica.

- Confianza Pública: Los errores de la IA, como diagnósticos incorrectos de MediAI, pueden erosionar la confianza en la tecnología y en los sistemas de salud.

Caso Real: Amazon Rekognition: En 2018, Amazon enfrentó críticas por su software de reconocimiento facial, que mostró altas tasas de error al identificar rostros de personas de piel oscura. Esto llevó a una moratoria en su uso por parte de la policía, destacando cómo los errores de la IA pueden dañar la confianza pública.

Solución para MediAI:

- Diseñar MediAI como una herramienta de apoyo para médicos, no como un reemplazo, fomentando la colaboración humano-máquina.

- Implementar programas de capacitación para profesionales afectados por la automatización.

- Garantizar accesibilidad, desplegando MediAI en dispositivos de bajo costo para comunidades desatendidas.

3. Dilemas Éticos Emergentes

3.1. Armas Autónomas

Las armas letales autónomas (LAWs), que usan IA para seleccionar y atacar objetivos sin intervención humana, plantean dilemas éticos graves. En 2025, países como EE.UU., China y Rusia están desarrollando estas tecnologías, lo que genera preocupaciones sobre la falta de responsabilidad y el riesgo de escaladas no intencionadas.

Caso Real: Debate en la ONU: Desde 2014, la ONU ha discutido la prohibición de las LAWs, pero la falta de consenso entre las potencias ha frenado el progreso. Organizaciones como Human

Rights Watch abogan por un tratado internacional similar al de las minas antipersonales.

Implicaciones para MediAI: Aunque MediAI es un sistema médico, su tecnología (como el reconocimiento de patrones) podría adaptarse para usos militares, lo que plantea preguntas sobre el "doble uso" de la IA.

Solución:

- Establecer políticas claras que prohíban el uso de MediAI en aplicaciones militares.

- Apoyar regulaciones internacionales que limiten el desarrollo de LAWs.

3.2. Deepfakes y Manipulación Digital

Los deepfakes, generados por IA, permiten crear videos o audios falsos indistinguibles de los reales. En 2025, esta tecnología se ha utilizado para desinformación, fraudes y ataques a la reputación.

Caso Real: Deepfake de Celebridades: En 2023, un deepfake de un político europeo circuló en redes sociales, afectando la percepción pública antes de una elección. Esto llevó a plataformas como X a implementar herramientas de detección de deepfakes.

Implicaciones para MediAI: Los datos médicos sensibles podrían usarse para crear deepfakes de pacientes o médicos, socavando la confianza en el sistema.

Solución:

- Desarrollar algoritmos de detección de deepfakes integrados en MediAI.
- Educar a los usuarios sobre los riesgos de la manipulación digital.

3.3. IA y Toma de Decisiones Autónomas

A medida que la IA asume roles más autónomos (como en coches autónomos o sistemas médicos), surge la pregunta: ¿hasta dónde debe llegar su autonomía? Por ejemplo, si MediAI debe decidir entre dos tratamientos con riesgos, ¿quién asume la responsabilidad por el resultado?

Caso Real: Uber y Coches Autónomos: En 2018, un vehículo autónomo de Uber mató a un peatón en Arizona, destacando la dificultad de asignar responsabilidad entre el fabricante, el desarrollador y el operador.

Solución:

- Diseñar MediAI con límites claros, requiriendo la aprobación humana para decisiones críticas.
- Establecer protocolos de responsabilidad que involucren a desarrolladores, médicos y hospitales.

4. Soluciones Prácticas para una IA Ética

4.1. Diseño Ético desde el Inicio

La ética debe integrarse en todas las etapas del ciclo de vida de la IA:

- Definición del Problema: Involucrar a comunidades afectadas para identificar necesidades y riesgos. Para MediAI, esto significa consultar a pacientes y médicos de diversas regiones.

- Desarrollo: Usar datos representativos y algoritmos auditables.

- Implementación: Realizar pruebas en entornos reales para detectar sesgos o errores.

4.2. Auditorías y Transparencia

Las auditorías externas son esenciales para garantizar la equidad y seguridad. Por ejemplo, MediAI podría ser auditado por un panel independiente que evalúe sus tasas de error por grupo demográfico.

Marco de Referencia: Las directrices de IEEE recomiendan auditorías anuales y la publicación de informes de impacto ético.

4.3. Regulación y Colaboración Global

En 2025, regulaciones como la Ley de IA de la UE están estableciendo estándares para la IA de alto riesgo. MediAI, como sistema médico, estaría sujeto a requisitos estrictos de transparencia y seguridad.

Solución:

- Cumplir con regulaciones locales e internacionales.

- Fomentar la colaboración entre gobiernos, empresas y sociedad civil para desarrollar estándares globales.

4.4. Educación y Participación Pública

La alfabetización en IA es crucial para empoderar a los usuarios. Los pacientes que usan MediAl deben entender cómo funciona y cómo proteger sus datos.

Solución:

- Crear guías educativas para usuarios de MediAl.

- Involucrar al público en debates sobre el futuro de la IA.

---

5. Conclusión: Hacia una IA responsable

La ética en IA no es un obstáculo, sino una oportunidad para construir sistemas que reflejen los mejores valores humanos. A través del caso de MediAl, hemos visto cómo los sesgos, la privacidad, el impacto social y los dilemas emergentes requieren un enfoque proactivo. Los marcos éticos de la UNESCO, IEEE y Asilomar ofrecen una hoja de ruta, pero su éxito depende de la colaboración entre desarrolladores, reguladores y comunidades.

En un mundo donde la IA está omnipresente, nuestra responsabilidad es garantizar que sea justa, transparente y humana. MediAl, si se diseña con estos principios, no solo mejorará la atención médica, sino que también inspirará confianza en el potencial de la IA para transformar vidas. Como lectores, los invito a reflexionar: ¿cómo podemos moldear una IA que no solo sea inteligente, sino también sabia?

CONCLUSION

La Inteligencia Artificial (IA) tiene el potencial de transformar el mundo de muchas maneras, pero también genera preocupaciones sobre el desplazamiento del trabajo humano. Sin embargo, es importante recordar que la IA no está destinada a reemplazar a los humanos, sino a complementarlos y potenciar sus habilidades.

En lugar de temer a la IA, debemos enfocarnos en cómo podemos aprovecharla para mejorar nuestras vidas y nuestro trabajo. La IA puede automatizar tareas tediosas y repetitivas, liberando tiempo para que los humanos se concentren en actividades más creativas y estratégicas. También puede ayudarnos a tomar mejores decisiones, analizar grandes cantidades de datos y obtener información valiosa que antes era imposible.

Para lograr una colaboración efectiva entre la IA y las personas, es necesario:

- Desarrollar una visión compartida: Definir objetivos claros y comunes para el uso de la IA, asegurando que beneficie tanto a las personas como a la organización.
- Crear un entorno de trabajo colaborativo: Fomentar la comunicación y la colaboración entre humanos y

sistemas de IA, donde cada uno aporte sus fortalezas únicas.

- Invertir en educación y capacitación: Brindar a las personas las habilidades necesarias para trabajar con la IA de manera efectiva, incluyendo conocimientos técnicos, pensamiento crítico y habilidades de resolución de problemas.
- Establecer marcos éticos: Definir principios claros para el desarrollo y uso responsable de la IA, asegurando que se respeten los valores humanos y la dignidad.

Al adoptar un enfoque colaborativo y responsable para la implementación de la IA, podemos crear un futuro donde la IA y las personas trabajen juntas para lograr un mayor rendimiento, innovación y bienestar general.

Clonación virtual:

El concepto de "clonación virtual" ha emergido como una idea fascinante en el ámbito de la inteligencia artificial (IA), especialmente en un contexto donde la tecnología busca no solo imitar, sino también amplificar las capacidades humanas. A diferencia de la clonación biológica, que implica la replicación física de un organismo, la clonación virtual se refiere a la creación de representaciones digitales que emulan las habilidades, conocimientos, comportamientos o incluso la personalidad de un individuo, utilizando herramientas de IA avanzadas. Este ensayo explora en profundidad el concepto de clonación virtual, sus fundamentos tecnológicos, aplicaciones prácticas, implicaciones éticas y sociales, y su potencial para transformar nuestra interacción con el mundo digital. Dividiremos el análisis en varias secciones para ofrecer una visión integral de esta innovación.

---

1. Definición y Fundamentos de la Clonación Virtual

La clonación virtual, en el contexto de la IA, puede definirse como el proceso de generar un "doble digital" de una persona o entidad, capaz de actuar, responder o realizar tareas de manera autónoma o semiautónoma, basándose en datos recopilados sobre el sujeto original. Este doble no es una copia física, sino una simulación basada en software que utiliza modelos de IA para replicar aspectos específicos del individuo, como su voz, estilo de escritura, conocimientos técnicos o incluso patrones de toma de decisiones.

El fundamento tecnológico de la clonación virtual radica en varias ramas de la IA:

- Aprendizaje Automático (Machine Learning): Algoritmos que aprenden patrones a partir de grandes conjuntos de datos, como registros de voz, textos escritos o decisiones pasadas del sujeto.

- Procesamiento del Lenguaje Natural (PLN): Permite que el clon virtual comprenda y genere texto o habla de manera similar al original, como se ve en modelos como GPT o Grok.

- Redes Neuronales Profundas (Deep Learning): Estas redes, inspiradas en el cerebro humano, son esenciales para modelar comportamientos complejos, como el reconocimiento de emociones o la generación de contenido creativo.

- Modelos Generativos: Tecnologías como GANs (Redes Generativas Antagónicas) o modelos de difusión pueden crear representaciones visuales, auditivas o textuales realistas basadas en datos de entrada.

Por ejemplo, imagina a un programador como Juan (del Apéndice A del libro de J. Gaviria), cuyos patrones de codificación, preferencias de sintaxis y estilo de resolución de problemas son analizados por una IA. Esta IA podría generar un "clon virtual" capaz de escribir código en Java con el mismo enfoque que Juan, incluso en su ausencia. Este proceso requiere recopilar datos extensos del sujeto —como correos electrónicos, grabaciones de voz, historiales de trabajo— y entrenar un modelo personalizado que los sintetice en una entidad funcional.

---

2. Proceso Técnico de la Clonación Virtual

La creación de un clon virtual implica varias etapas técnicas que combinan recolección de datos, entrenamiento de modelos y despliegue:

- Recopilación de Datos:

  - El primer paso es reunir un conjunto masivo de datos representativos del sujeto. Esto puede incluir:

    - Textos: Correos, publicaciones en redes sociales, notas personales.

    - Audio: Grabaciones de voz para capturar tono, entonación y vocabulario.

    - Comportamiento: Decisiones pasadas, hábitos de trabajo, interacciones digitales.

  - Por ejemplo, un escritor podría proporcionar sus novelas, ensayos y borradores para que la IA aprenda su estilo narrativo.

- Preprocesamiento:

- Los datos deben limpiarse y estructurarse. Por ejemplo, el audio se convierte en espectrogramas para análisis, mientras que el texto se tokeniza para que la IA lo procese.

- Se eliminan inconsistencias o datos irrelevantes para garantizar que el clon refleje al sujeto de manera precisa.

- Entrenamiento del Modelo:

  - Se utiliza un modelo de IA, como una red neuronal recurrente (RNN) para secuencias temporales (voz, texto) o un transformer para tareas más complejas.

  - El entrenamiento ajusta los parámetros del modelo para que las salidas (respuestas, acciones) sean lo más cercanas posible a las del sujeto original. Esto puede implicar aprendizaje supervisado (con ejemplos etiquetados) o no supervisado (descubriendo patrones implícitos).

- Validación y Ajuste:

  - El clon se prueba contra datos no vistos para evaluar su precisión. Por ejemplo, si el clon de un médico debe diagnosticar casos, se compara con los diagnósticos reales del médico original.

- Se realizan ajustes para corregir desviaciones, como respuestas poco naturales o errores factuales.

- Despliegue:

  - Una vez entrenado, el clon virtual se implementa en una plataforma, como un asistente virtual, un chatbot o un sistema de simulación, donde puede interactuar con usuarios o realizar tareas específicas.

Un caso práctico sería el desarrollo de un clon virtual de un profesor. La IA podría analizar grabaciones de sus clases, notas de curso y exámenes para crear una versión digital que responda preguntas de estudiantes, genere material educativo o incluso dé charlas simuladas, todo ello imitando el tono y estilo del docente original.

---

3. Aplicaciones Prácticas de la Clonación Virtual
La clonación virtual tiene un potencial transformador en diversos campos. A continuación, exploramos algunas aplicaciones clave:

- Educación y Capacitación:

- Los clones virtuales de expertos pueden impartir conocimientos en entornos simulados. Por ejemplo, un clon de un piloto experimentado podría entrenar a nuevos aviadores en simuladores, replicando sus técnicas y decisiones en tiempo real.

- En educación a distancia, clones de profesores podrían atender a miles de estudiantes simultáneamente, personalizando respuestas según las necesidades individuales.

- Atención al Cliente:

  - Empresas podrían crear clones virtuales de sus mejores agentes de servicio, capaces de manejar consultas 24/7 con el mismo nivel de empatía y eficiencia. Por ejemplo, un clon de un representante de ventas podría negociar contratos o resolver problemas imitando el enfoque humano original.

- Preservación del Legado:

  - La clonación virtual permite "inmortalizar" digitalmente a personas fallecidas. Un clon de un historiador famoso podría seguir respondiendo preguntas basándose en sus escritos y conferencias, preservando su conocimiento para futuras generaciones.

- Entretenimiento y Arte:

  - En la industria del cine, clones virtuales de actores podrían actuar en nuevas películas sin necesidad de su presencia física, utilizando datos de actuaciones pasadas para generar nuevas escenas.

  - Escritores podrían entrenar clones para continuar sus sagas literarias, manteniendo su estilo único.

- Colaboración Remota:

  - Profesionales podrían delegar tareas a sus clones virtuales durante ausencias, como un ingeniero cuyo clon supervisa proyectos en tiempo real, tomando decisiones basadas en su experiencia previa.

- Medicina:

  - Clones de médicos especialistas podrían asistir en diagnósticos o entrenar a estudiantes de medicina, replicando el razonamiento clínico del original en situaciones simuladas.

Estas aplicaciones muestran cómo la clonación virtual no reemplaza a los humanos, sino que amplifica su alcance, permitiendo que sus habilidades y conocimientos trasciendan limitaciones físicas o temporales.

---

4. Implicaciones Éticas de la Clonación Virtual
Aunque prometedora, la clonación virtual plantea dilemas éticos significativos que deben abordarse:

- Consentimiento y Privacidad:

  - ¿Quién autoriza la creación de un clon virtual? Recolectar datos personales extensos (voz, textos, comportamientos) requiere el consentimiento explícito del sujeto. Sin este, se viola la privacidad.

  - En el caso de personas fallecidas, surge la pregunta de si los herederos o la sociedad pueden decidir "clonar" a alguien sin su aprobación previa.

- Identidad y Autenticidad:

  - Un clon virtual podría ser percibido como el individuo original, erosionando la distinción entre lo humano y lo artificial. Esto plantea riesgos de suplantación o manipulación, como usar un clon para engañar a otros.

- Además, ¿qué significa ser "yo" si un clon digital puede replicar mis acciones y pensamientos?

- Explotación Comercial:

  - Empresas podrían explotar clones de empleados o celebridades sin compensación justa. Por ejemplo, un clon de un actor famoso podría usarse indefinidamente sin royalties adicionales.

- Sesgos y Errores:

  - Si los datos de entrenamiento contienen sesgos (racismo, prejuicios), el clon los replicará, perpetuando problemas sociales.

  - Errores en el modelo podrían llevar a representaciones inexactas, dañando la reputación del sujeto original.

- Dependencia y Deshumanización:

  - Depender excesivamente de clones virtuales podría reducir la interacción humana, afectando relaciones sociales y la autenticidad de las experiencias.

Para mitigar estos riesgos, se necesitan marcos éticos claros, como regulaciones sobre consentimiento, transparencia en el uso de clones y auditorías para garantizar precisión y equidad.

---

5. Implicaciones Sociales y Culturales
La clonación virtual también tiene un impacto profundo en la sociedad:

- Desigualdad Digital:

  - Solo aquellos con acceso a tecnología avanzada y datos suficientes podrían crear clones, ampliando la brecha entre quienes pueden "digitalizarse" y quienes no.

  - Profesionales en campos técnicos o creativos podrían beneficiarse más, dejando atrás a trabajadores manuales o menos digitalizados.

- Transformación del Trabajo:

  - Los clones podrían aumentar la productividad, pero también desplazar empleos, especialmente en roles repetitivos o basados en habilidades específicas.

- Sin embargo, podrían surgir nuevas profesiones, como "entrenadores de clones" o "editores de modelos digitales".

- Cultura y Memoria:

  - La capacidad de preservar clones de figuras históricas o culturales podría enriquecer nuestro patrimonio, pero también plantea riesgos de revisionismo o manipulación histórica.

- Relaciones Humanas:

  - Interactuar con clones de seres queridos fallecidos podría ofrecer consuelo, pero también dificultar el duelo o crear dependencias emocionales poco saludables.

Estas implicaciones sugieren que la clonación virtual no es solo una innovación técnica, sino un cambio paradigmático que requiere reflexión colectiva.

---

6. El Futuro de la Clonación Virtual

Mirando hacia el futuro (hasta abril de 2025 y más allá), la clonación virtual podría evolucionar en varias direcciones:

- Integración con Realidad Aumentada/Virtual:

  - Los clones podrían habitar entornos inmersivos, interactuando con usuarios en espacios 3D, como reuniones virtuales o simulaciones educativas.

- Personalización Avanzada:

  - Con avances en IA, los clones podrían adaptarse en tiempo real a nuevas experiencias, aprendiendo continuamente como lo hacen los humanos.

- Clones Colaborativos:

  - Múltiples clones de diferentes personas podrían trabajar juntos, combinando habilidades para resolver problemas complejos, como un equipo virtual de expertos.

- Regulación y Estándares:

  - Es probable que surjan leyes internacionales para regular la creación, uso y derechos de los clones virtuales, similar a las regulaciones de datos personales.

- Fusión Humano-Máquina:

  - En un escenario más especulativo, los clones podrían integrarse con interfaces cerebro-computadora, permitiendo una conexión directa entre la mente humana y su doble digital.

Este futuro dependerá de avances técnicos (mayor potencia computacional, mejores algoritmos) y de cómo la sociedad decida gobernar esta tecnología.

---

7. Conclusión

La clonación virtual usando IA representa una frontera emocionante y compleja en la evolución tecnológica. Al permitirnos replicar digitalmente habilidades, conocimientos y personalidades humanas, esta innovación promete transformar la educación, el trabajo, el entretenimiento y la memoria colectiva. Sin embargo, su desarrollo debe ir acompañado de una reflexión ética y social profunda para evitar abusos, desigualdades y la erosión de lo que nos hace humanos.

En última instancia, la clonación virtual no busca reemplazar a las personas, sino amplificar su impacto más allá de las limitaciones físicas y temporales. Con un enfoque responsable, podría convertirse en una herramienta poderosa para el progreso humano, equilibrando la maravilla tecnológica con la preservación de nuestra humanidad. A medida que avanzamos hacia este futuro, la pregunta clave no es solo "¿Podemos crear clones virtuales?", sino "¿Cómo deberíamos usarlos para mejorar nuestras vidas y las de quienes nos rodean?".

APENDICE A

Tomemos la historia de Juan, un experimentado programador de Java, quien se encontraba trabajando en un complejo proyecto de desarrollo de software para una prestigiosa empresa de análisis de datos. El proyecto implicaba solicitado, requería la creación de una plataforma que cumpliera con el criterio de escalabilidad y seguridad, y que pudiese ser usada para procesar grandes volúmenes de datos y generar informes personalizados para los clientes. Después de revisar los requerimientos técnicos y funcionales, Juan, a pesar de su experiencia, se dio cuenta que enfrentaba a varios desafíos:

Volumen de código: La cantidad de código necesario para completar el proyecto era considerable, lo que requería largas horas de trabajo y un alto riesgo de errores.

Complejidad algorítmica: La plataforma necesitaba implementar algoritmos complejos de análisis de datos, que requerían un profundo conocimiento matemático y estadístico.

Mantenimiento y actualizaciones: El proyecto debía ser escalable y adaptable a nuevas necesidades, lo que implicaba un constante proceso de mantenimiento y actualizaciones.

En busca de una solución, Juan decidió explorar el potencial de la Inteligencia Artificial (IA) para asistirlo en el desarrollo del software. Descubrió una herramienta de IA llamada "CodeBuddy", que podía generar código Java de manera automática a partir de descripciones en lenguaje natural.

CODE BUDDY Es una herramienta de programación asistida por inteligencia artificial diseñada para ayudar a desarrolladores de todos los niveles. Su función principal es optimizar, revisar y mejorar tu código.

¿Qué hace Codebuddy?

- Análisis de código: Examina tu código y te proporciona comentarios detallados sobre:
- Eficiencia: Sugiere formas de hacer que tu código sea más rápido.
- Legibilidad: Te ayuda a escribir código más limpio y fácil de entender.
- Adherencia a estándares: Verifica si tu código cumple con las mejores prácticas de la industria.
- Generación de código: En algunos casos, puede ayudarte a generar fragmentos de código o incluso funciones completas.
- Aprendizaje: Te ofrece explicaciones y ejemplos para ayudarte a comprender mejores conceptos de programación.

¿Para quién es Codebuddy?

- Principiantes: Ideal para aquellos que están empezando a programar y necesitan orientación.
- Desarrolladores experimentados: Puede ser útil para revisar código rápidamente y encontrar posibles mejoras.

Colaboración con la IA:

Luego de investigar la herramienta, Juan comenzó a utilizar **CodeBuddy** para generar el código básico para las funcionalidades del proyecto. La herramienta le permitía describir en lenguaje natural lo que quería que el código hiciera, y posteriormente **CodeBuddy** generaba automáticamente el código Java correspondiente. Esto le permitiría a Juan ahorrar una gran cantidad de tiempo y esfuerzo, permitiéndole enfocarse en las partes más complejas del proyecto.

Además de generar código, **CodeBuddy** también podía ayudar a Juan a depurar errores y optimizar el rendimiento del software. La herramienta analizaba el código y sugería mejoras en la sintaxis, la eficiencia y la legibilidad de este. Juan encontró esta funcionalidad muy útil para garantizar la calidad y el rendimiento del software.

Ejemplo de código generado por IA:

Java

// Generado por CodeBuddy a partir de la descripción: "Crear una función que calcule la media de una lista de números"

1.	public static double calcularMedia(List<Double> numeros) {
2.	double suma = 0;
3.	for (Double numero : numeros) {
4.	suma += numero;
5.	}
6.	return suma / numeros.size();
7.	}

Usa el código con precaución.

APENDICE B

Introducción

¿Qué es un prompt?

Un **prompt**, en el contexto de la interacción con modelos de lenguaje, es la entrada textual que un usuario proporciona a un sistema de inteligencia artificial para solicitar una tarea específica. Es, en esencia, la pregunta, instrucción o solicitud que desencadena una respuesta generada por el modelo. Si pensamos en el modelo de lenguaje como una mente creativa y flexible, el **prompt** es la pincelada inicial que guía la dirección de la obra de arte.

Esta interfaz textual, sencilla en apariencia, esconde una complejidad sorprendente. Un prompt bien diseñado no solo indica qué se quiere obtener, sino que también influye en la calidad, el tono y el estilo de la respuesta. Es como una semilla que, al caer en el terreno fértil de un modelo de lenguaje, germina y florece en una variedad de formas.

La eficacia de un prompt radica en su capacidad para comunicar de manera precisa y concisa las expectativas del usuario. Al igual que un conductor utiliza instrucciones claras para llegar a un destino específico, un prompt debe guiar al modelo de lenguaje hacia la respuesta deseada. Sin embargo, a diferencia de un GPS, un modelo de lenguaje no está limitado a seguir rutas predefinidas. La creatividad y la flexibilidad del modelo permiten explorar un amplio abanico de posibilidades, siempre y cuando el prompt sea lo suficientemente claro y detallado.

En resumen, el prompt es el puente que conecta la mente humana con la inteligencia artificial. Es la herramienta que nos permite aprovechar el potencial creativo y la capacidad de procesamiento de información de los modelos de lenguaje para realizar una amplia gama de tareas, desde la generación de texto creativo hasta la resolución de problemas complejos.

La estructura de un prompt

se puede descomponer en varios elementos clave que trabajan en conjunto para guiar al modelo hacia la respuesta deseada:

Elementos clave de un prompt:

1. *Instrucción:*
   - **La tarea:** Es la acción específica que queremos que el modelo realice. Por ejemplo, "Escribe un poema", "Resume este artículo", "Traduce al español".

   - **El formato:** Especifica cómo queremos que se presente la respuesta. Por ejemplo, "en forma de lista", "en un párrafo", "como un diálogo".

   - **El tono:** Indica el estilo o el registro que deseamos. Por ejemplo, "formal", "informal", "humorístico".

2. *Contexto:*
   - **Información relevante:** Proporciona datos o detalles adicionales que el modelo debe tener en cuenta para generar la respuesta. Por ejemplo,

"sobre la Segunda Guerra Mundial", "utilizando la teoría de la relatividad", "basado en los datos proporcionados".

- o **Restricciones:** Establece límites o condiciones que la respuesta debe cumplir. Por ejemplo, "sin usar palabras técnicas", "manteniendo un tono neutral", "centrándose en los aspectos positivos".

3. *Ejemplos:*
- o **Muestras:** Proporciona ejemplos de la salida deseada para que el modelo comprenda mejor la tarea. Por ejemplo, "como en el siguiente ejemplo: ...", "similar a este estilo: ...".

- o **Patrones:** Demuestra la estructura o el formato que se espera en la respuesta.

Ejemplo de un prompt estructurado:

- **Instrucción:** Escribe un poema breve y emotivo.

- **Contexto:** Sobre la pérdida de un ser querido, utilizando metáforas relacionadas con la naturaleza.

- **Ejemplos:** Como el poema de Emily Dickinson "Porque soy nadie, nadie me conoce".

Prompt completo: "Escribe un poema breve y emotivo sobre la pérdida de un ser querido, utilizando metáforas relacionadas con la naturaleza. Imagina que la persona fallecida era como un árbol que ha dejado de dar sombra. Como ejemplo, puedes inspirarte en el poema de Emily Dickinson 'Porque soy nadie, nadie me conoce'."

¿Por qué es importante la estructura?

- **Claridad:** Una estructura clara facilita que el modelo comprenda la solicitud.

- **Precisión:** Al especificar los detalles, se obtienen respuestas más relevantes.

- **Creatividad:** La estructura puede servir como un punto de partida para explorar diferentes enfoques y generar respuestas originales.

La importancia de los prompts:

La calidad y la pertinencia de las respuestas generadas por un modelo de lenguaje dependen en gran medida de la precisión y la claridad con la que se formulen los prompts. Un prompt bien diseñado es como una brújula que orienta al modelo hacia la generación de texto coherente, relevante y útil. Al igual que un arquitecto utiliza planos detallados para construir un edificio, un ingeniero de prompts utiliza palabras cuidadosamente seleccionadas para construir la estructura de una respuesta.

Un prompt eficaz no solo especifica la tarea que debe realizar el modelo, sino que también proporciona el contexto necesario para que la respuesta sea significativa. Al incluir detalles relevantes, como el tono, el estilo, el formato o la temática, el usuario puede guiar al modelo hacia la generación de texto que se ajuste a sus necesidades específicas. Por ejemplo, un prompt que simplemente dice "Escribe un texto" producirá una respuesta vaga y poco útil. Sin embargo, un prompt como "Escribe un ensayo argumentativo de 500 palabras sobre los beneficios de la inteligencia artificial en la educación, utilizando un tono formal y citando al menos tres estudios científicos" proporcionará al modelo una guía clara y concisa.

Además de la claridad y la especificidad, la creatividad también juega un papel fundamental en la construcción de prompts. Al experimentar con diferentes formulaciones y enfoques, los usuarios pueden descubrir nuevas y sorprendentes formas de utilizar los modelos de lenguaje. Por ejemplo, un prompt que invita al modelo a adoptar la perspectiva de un personaje histórico o ficticio puede generar respuestas originales y creativas.

En resumen, los prompts bien diseñados son la clave para desbloquear todo el potencial de los modelos de lenguaje. Al dominar el arte de la ingeniería de prompts, los usuarios pueden obtener resultados personalizados, creativos y útiles, ampliando así las posibilidades de aplicación de la inteligencia artificial en diversos campos.

Fundamentos de la Ingeniería de Prompts
Cómo funcionan los modelos de lenguaje:

Imagina un bebé que aprende a hablar. Al principio, balbucea sin sentido, pero con el tiempo, comienza a reconocer patrones en el lenguaje que escucha a su alrededor. Con cada palabra nueva y cada frase que oye, su cerebro va construyendo un modelo mental de cómo funciona el lenguaje. De manera similar, los modelos de lenguaje aprenden a procesar y generar texto a partir de enormes cantidades de datos textuales.

Estos modelos, basados en redes neuronales artificiales, son capaces de identificar patrones en el lenguaje, como la gramática, la sintaxis y la semántica. Al ser expuestos a millones de textos, aprenden a predecir la siguiente palabra en una secuencia dada. Por ejemplo, si le damos la frase "El gato está sobre el...", el modelo podría predecir que la palabra más probable que sigue es "tapete".

El proceso de generación de texto se puede visualizar como una cadena de predicciones. El modelo comienza con una palabra o una frase inicial (el prompt) y, basándose en su conocimiento del lenguaje, predice la siguiente palabra más probable. Luego, utiliza esta nueva palabra como entrada para predecir la siguiente, y así sucesivamente, hasta que alcanza una longitud de texto determinada o encuentra un símbolo de fin de secuencia.

¿Cómo logran los modelos de lenguaje ser tan sofisticados?

Aprendizaje profundo: Utilizan redes neuronales con múltiples capas que les permiten aprender representaciones abstractas del lenguaje.

Atención: Un mecanismo que permite al modelo focalizarse en las partes más relevantes de la entrada al realizar una predicción.

Transformadores: Una arquitectura de red neuronal que ha revolucionado el campo del procesamiento del lenguaje natural, permitiendo a los modelos capturar relaciones a largo plazo en el texto.

Limitaciones y desafíos

A pesar de sus impresionantes capacidades, los modelos de lenguaje tienen limitaciones. Pueden generar texto que sea gramaticalmente correcto, pero semánticamente incoherente, o pueden perpetuar los sesgos presentes en los datos de entrenamiento. Además, su comprensión del mundo real es limitada y se basa en la información que han procesado durante su entrenamiento.

En resumen, los modelos de lenguaje son herramientas poderosas que nos permiten interactuar con las computadoras de una manera más natural. Sin embargo, es importante comprender sus limitaciones y utilizarlos de manera responsable. A medida que la tecnología avanza, podemos esperar que los modelos de lenguaje sean cada vez más sofisticados y capaces de realizar tareas aún más complejas.

Los componentes clave de un prompt:

- Instrucción: La tarea específica que se le pide al modelo.
- Contexto: La información de fondo necesaria para entender la instrucción.

- Ejemplos: Muestras de entrada y salida para guiar al modelo.

Tipos de prompts:

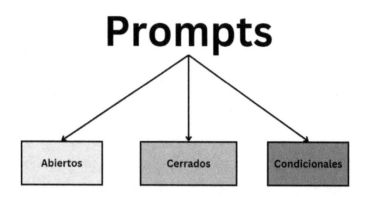

- **Prompts abiertos**: Para respuestas creativas y abiertas.
- **Prompts cerrados**: Para respuestas específicas y concisas.
- **Prompts condicionales**: Para respuestas basadas en ciertas condiciones.

Técnicas para Construir Prompts Efectivos

La ingeniería de prompts es un arte en constante evolución que requiere tanto de creatividad como de precisión. Así como un escultor da forma a un bloque de mármol para crear una obra maestra, un ingeniero de prompts moldea las palabras para obtener respuestas de IA precisas y relevantes.

Más allá de simplemente hacer una pregunta, la construcción de prompts efectivos implica una serie de técnicas que permiten maximizar el potencial de los modelos de lenguaje. En las siguientes secciones, exploraremos una variedad de estrategias para diseñar prompts que sean claros, concisos y capaces de generar respuestas sorprendentemente sofisticadas. Desde la importancia de la especificidad hasta el arte de la reformulación, estas técnicas te permitirán convertirte en un maestro en la creación de prompts y aprovechar al máximo las capacidades de los modelos de lenguaje más avanzados.

Ser específico: La elección de palabras clave es como pintar un cuadro con palabras. Cada término que incluimos en nuestro prompt añade un matiz diferente a la imagen final que queremos obtener. Palabras clave precisas actúan como faros que guían al modelo de lenguaje hacia la información relevante. Al utilizar términos concretos y específicos, reducimos la ambigüedad y aumentamos las posibilidades de obtener una respuesta que se ajuste exactamente a nuestras necesidades. Por ejemplo, en lugar de preguntar "¿Dime algo sobre perros?", podríamos preguntar "¿Cuáles son las razas de perros más inteligentes y por qué?". Esta mayor especificidad no solo acota el campo de búsqueda del modelo, sino que también le proporciona pistas sobre el tipo de información que estamos buscando.

Además de la precisión, es crucial considerar el contexto en el que se utilizan las palabras clave. El mismo término puede tener diferentes significados dependiendo del contexto en el que se emplee. Por ejemplo, la palabra "banco" puede referirse a una institución financiera, a un asiento o a un banco de peces. Para evitar malentendidos, es fundamental proporcionar suficiente contexto para que el modelo comprenda el significado exacto de las palabras clave. **Al utilizar sinónimos, antónimos y términos relacionados, podemos enriquecer nuestro prompt y ayudar al modelo a establecer conexiones más profundas entre las diferentes ideas**. Por ejemplo, en lugar de repetir la misma palabra clave varias veces, podemos utilizar sinónimos como "canino", "perruno" o "doméstico" para variar el lenguaje y mejorar la calidad de la respuesta.

Proporcionar contexto: Imagina que estás dando indicaciones a alguien para llegar a un lugar desconocido. Si solo dices "Ve a la derecha", la persona probablemente se perderá. Sin embargo, si proporcionas más detalles como "Después del semáforo, dobla a la derecha en la calle principal y busca el edificio alto con el letrero rojo", la persona tendrá una mejor idea de cómo llegar. De manera similar, los modelos de lenguaje necesitan suficiente contexto para comprender nuestras solicitudes. Al proporcionar información detallada sobre el tema, el tono, el formato y cualquier otra restricción relevante, estamos ayudando al modelo a construir una representación mental más precisa de lo que queremos. Esto no solo aumenta la probabilidad de obtener una respuesta relevante, sino que también permite al modelo generar respuestas más creativas y sofisticadas.

Un contexto bien definido ofrece múltiples beneficios. En primer lugar, reduce la ambigüedad y evita que el modelo genere respuestas que no estén relacionadas con nuestra solicitud. En segundo lugar, permite al modelo aprovechar su conocimiento previo para generar respuestas más informativas y completas. Por ejemplo, si le pedimos al modelo que escriba un poema sobre un gato, pero le proporcionamos información sobre la raza del gato, su personalidad o algún evento específico en su vida, el modelo podrá crear un poema más personalizado y conmovedor. Finalmente, un contexto bien definido facilita la iteración y nos permite ajustar nuestro prompt hasta obtener los resultados deseados. Al experimentar con diferentes formulaciones y niveles de detalle, podemos descubrir nuevas y sorprendentes formas de utilizar los modelos de lenguaje.

Utilizar ejemplos: Al proporcionar ejemplos concretos, estamos entregando al modelo una plantilla o un molde que puede utilizar para generar su propia respuesta. Los ejemplos actúan como guías que orientan al modelo hacia el estilo, el tono y el formato deseados. Por ejemplo, si le pedimos al modelo que escriba un resumen de un artículo científico, podemos proporcionarle un ejemplo de un resumen bien estructurado y conciso. De esta manera, el modelo comprenderá que debe seguir una estructura similar y utilizar un lenguaje claro y objetivo. Los ejemplos no solo ayudan a mejorar la calidad de las respuestas, sino que también pueden acelerar el proceso de generación de texto.

Si bien un solo ejemplo puede ser útil, proporcionar varios ejemplos con diferentes características puede enriquecer aún más el proceso de generación de texto. **Al exponer al modelo a una variedad de estilos y formatos, estamos ampliando su repertorio y permitiéndole generar respuestas más versátiles**. Por ejemplo, si queremos que el modelo escriba un poema, podemos proporcionarle ejemplos de diferentes tipos de poemas, como haikus, sonetos o poemas libres. De esta manera, el modelo podrá elegir el estilo que mejor se adapte a nuestro prompt y generar una respuesta original y creativa. Además, la variedad de ejemplos puede ayudar a evitar que el modelo se quede atascado en un solo patrón y fomente la exploración de nuevas ideas.

Jugar con el formato: La forma en que estructuramos un prompt puede tener un impacto significativo en la calidad y la originalidad de la respuesta. **Al variar la sintaxis, la longitud**

y la complejidad de nuestros prompts, podemos desbloquear nuevas posibilidades creativas. Por ejemplo, en lugar de preguntar "¿Qué es la inteligencia artificial?", podemos preguntar "**¿Explica la inteligencia artificial como si estuvieras hablando con un niño de 10 años**"? Esta pequeña modificación en la estructura del prompt induce al modelo a adoptar un tono más sencillo y accesible. Asimismo, podemos experimentar con preguntas abiertas, preguntas cerradas, afirmaciones, órdenes o incluso con la incorporación de elementos narrativos.

Ejemplos de estructuras de prompts y sus resultados

- **Preguntas abiertas:** "¿Qué opinas sobre el futuro de la exploración espacial?" (Permite al modelo expresar su punto de vista de manera amplia).

- **Preguntas cerradas:** "¿Cuál es la capital de Francia?" (Obtiene una respuesta concisa y específica).

- **Afirmaciones:** "La inteligencia artificial revolucionará la medicina. Explica por qué." (Invita al modelo a argumentar a favor de una afirmación).

- **Órdenes:** "Escribe un poema sobre un gato que sueña con volar." (Indica al modelo qué tipo de texto debe generar).

- **Elementos narrativos:** "Imagina que eres un detective en el año 2050. Describes el crimen que estás investigando." (Crea un contexto narrativo para la respuesta).

Iterar y refinar: La ingeniería de prompts es un proceso iterativo. Al igual que un escultor refina su obra con cada golpe de cincel, nosotros debemos refinar nuestros prompts con cada interacción. **La prueba y el error nos permiten identificar qué funciona y qué no en nuestros prompts, y así, ajustar gradualmente nuestras solicitudes para obtener resultados cada vez más precisos y relevantes.** A medida que experimentamos con diferentes formulaciones, descubriremos qué palabras, frases y estructuras son más efectivas para obtener las respuestas que buscamos.

El proceso de iteración implica un ciclo continuo de creación, evaluación y refinamiento. Comenzamos por crear un prompt inicial, luego observamos la respuesta del modelo y evaluamos si cumple con nuestros requisitos. Si la respuesta no es la esperada, ajustamos el prompt y repetimos el proceso. **Este ciclo de mejora continua nos permite aprender de nuestros errores y aprovechar nuestros éxitos para construir prompts cada vez más sofisticados.** Con cada iteración, nos acercamos más a obtener las respuestas que necesitamos y a desbloquear todo el potencial de los modelos de lenguaje.

Ejemplos Prácticos

- Generación de texto creativo: Escribir poemas, historias, guiones, etc.
- Resumen de texto: Condensar información de artículos, informes, etc.
- Traducción: Traducir texto de un idioma a otro.
- Respuesta a preguntas: Obtener respuestas a preguntas abiertas y cerradas.
- Generación de código: Crear código para diferentes lenguajes de programación.

Consideraciones Éticas y Sociales

- Sesgos en los modelos de lenguaje: Los prompts que diseñamos son un reflejo de nuestras creencias, valores y experiencias. Si estos están influenciados por sesgos sociales, culturales o cognitivos, es muy probable que los transmitamos al modelo de lenguaje. **Los modelos de lenguaje, al ser entrenados en grandes cantidades de datos que pueden contener sesgos inherentes, son susceptibles de reproducirlos en sus respuestas.** Por ejemplo, si un prompt asume que los científicos son hombres, el modelo puede generar respuestas que refuercen este estereotipo. Es fundamental reconocer que nuestros propios prejuicios pueden infiltrarse en la forma en que formulamos nuestras preguntas y, por lo tanto, influir en las respuestas que obtenemos.

Para mitigar los sesgos, es necesario diseñar prompts de manera cuidadosa y consciente. Esto implica:

- **Evitar lenguaje cargado:** Utilizar un lenguaje neutral y objetivo que no refuerce estereotipos.
- **Variar los ejemplos:** Incluir ejemplos de diferentes grupos sociales y perspectivas para evitar sesgos de representación.
- **Ser explícitos en cuanto a los sesgos:** Reconocer la existencia de sesgos y pedir al modelo que los evite en su respuesta.
- **Utilizar prompts contrafactuales:** Formular preguntas que desafíen las suposiciones existentes y exploren alternativas.

Para garantizar que los prompts sean lo más imparciales posible, es fundamental contar con la participación de personas de diversos orígenes y perspectivas. La diversidad en el equipo que diseña los prompts puede ayudar a identificar y desafiar los sesgos inconscientes. Además, es importante que los modelos de lenguaje sean entrenados con datos diversos y representativos de la sociedad en su conjunto. Al fomentar la diversidad y la inclusión en el proceso de diseño de prompts, podemos contribuir a crear modelos de lenguaje más justos y equitativos.

En resumen, los prompts tienen el poder de perpetuar o mitigar los sesgos. Al ser conscientes de nuestros propios prejuicios y diseñar prompts de manera cuidadosa y diversa, podemos utilizar los modelos de lenguaje de forma más ética y responsable.

- Uso responsable de la IA: La importancia de utilizar la IA de manera ética y responsable.

Herramientas y Recursos

- **Herramientas de ingeniería de prompts**: La creación de prompts efectivos puede ser facilitada por una variedad de herramientas y plataformas. Aquí te presento una lista detallada de ellas, categorizadas para una mejor comprensión:
- **Plataformas de Lenguaje Natural con Interfaces Interactivas:**
  - **OpenAI Playground:** Ofrece una interfaz amigable para experimentar con modelos como GPT-3 y GPT-4. Permite ajustar parámetros y ver resultados en tiempo real.

- **Hugging Face:** Una comunidad y plataforma que alberga una gran cantidad de modelos de lenguaje preentrenados y herramientas para su fine-tuning.
- **Google Colaboratory:** Un entorno de programación en la nube gratuito que permite ejecutar código Python y experimentar con diferentes modelos de lenguaje.

- **Herramientas Específicas para Ingeniería de Prompts:**
  - **Prompt Engineering Lab:** Ofrece un conjunto de herramientas diseñadas para evaluar la efectividad de los prompts, identificar áreas de mejora y optimizar su formulación.
  - **PromptPerfect:** Esta herramienta ayuda a crear prompts más efectivos al proporcionar sugerencias y retroalimentación en tiempo real.

- **Entornos de Desarrollo Integrados (IDEs):**
  - **Visual Studio Code:** Un IDE altamente personalizable con extensiones para trabajar con modelos de lenguaje y crear prompts de manera eficiente.
  - **Jupyter Notebook:** Un entorno interactivo para crear y compartir documentos que contienen código, ecuaciones, visualizaciones y texto narrativo.

- **Bibliotecas de Programación:**
  - ○ **Transformers:** Una biblioteca de código abierto de Hugging Face que proporciona una infraestructura para trabajar con una amplia variedad de modelos de lenguaje.
  - ○ **Langchain:** Una biblioteca de Python para desarrollar aplicaciones basadas en modelos de lenguaje, incluyendo la creación y gestión de prompts.
- **Herramientas de Generación de Texto:**
  - ○ **GPT-3 Playground:** Permite generar texto a partir de prompts, lo que puede ser útil para explorar diferentes estilos y formatos.
  - ○ **Jasper.ai:** Una herramienta de generación de contenido impulsada por IA que puede ayudar a crear una variedad de tipos de contenido, desde artículos de blog hasta correos electrónicos.

- **Comunidades en línea:** La comunidad en línea es un recurso invaluable para aquellos interesados en la ingeniería de prompts. Existen numerosos foros y grupos donde los usuarios comparten sus experiencias, conocimientos y mejores prácticas. A continuación, te presento algunas de las plataformas más populares:

- **Plataformas de Desarrollo de Software:**
    - **Stack Overflow:** Si bien es una plataforma general para preguntas de programación, tiene una sección dedicada al aprendizaje automático y al procesamiento del lenguaje natural donde se discuten temas relacionados con prompts.
    - **GitHub Discussions:** Muchos repositorios de código abierto relacionados con modelos de lenguaje tienen secciones de discusión donde los usuarios comparten sus experiencias y conocimientos sobre prompts.
- **Foros Especializados en IA:**
    - **Reddit:** Subreddits como r/MachineLearning, r/LanguageTechnology y r/PromptEngineering son comunidades muy activas donde se discuten temas relacionados con prompts.
    - **Kaggle Forums:** Esta plataforma de ciencia de datos tiene foros donde los usuarios comparten sus proyectos y conocimientos sobre modelos de lenguaje y prompts.
- **Plataformas de Aprendizaje en Línea:**

- **Coursera, edX, Udemy:** Estos sitios ofrecen cursos sobre aprendizaje automático y procesamiento del lenguaje natural que suelen tener foros asociados donde los estudiantes pueden hacer preguntas y compartir sus experiencias.

- **Comunidades de Desarrolladores de IA:**
  - **Hugging Face Forums:** Hugging Face es una comunidad de desarrolladores de IA muy activa que ofrece una plataforma para compartir modelos, datasets y discutir temas relacionados con el procesamiento del lenguaje natural.
  - **AI Stack Exchange:** Esta plataforma especializada en inteligencia artificial tiene una sección dedicada a preguntas sobre prompts y modelos de lenguaje.

- **Redes Sociales Profesionales:**
  - **LinkedIn:** Existen numerosos grupos de LinkedIn dedicados a la inteligencia artificial, el aprendizaje automático y el procesamiento del lenguaje natural donde se comparten artículos, publicaciones y experiencias relacionadas con prompts.

- **Al unirse a estas comunidades, podrás:**

- Hacer preguntas: Obtener respuestas de expertos y otros usuarios sobre tus dudas específicas.
- Compartir tus conocimientos: Ayudar a otros usuarios y consolidar tus propios conocimientos.
- Descubrir nuevas herramientas y técnicas: Estar al día de las últimas tendencias y novedades en el campo de la ingeniería de prompts.
- Colaborar en proyectos: Trabajar en proyectos de código abierto y colaborar con otros entusiastas de la IA.
- Establecer contactos: Conocer a otros profesionales del sector y ampliar tu red de contactos.
- Consejos para participar en estos foros:
- Sé claro y conciso: Formula tus preguntas de manera clara y específica para obtener respuestas más precisas.
- Sé respetuoso: Mantén un tono respetuoso y constructivo en tus interacciones con otros usuarios.
- Busca antes de preguntar: Es probable que tu pregunta ya haya sido respondida en algún lugar del foro.

- o **Comparte tus experiencias:** Contribuye a la comunidad compartiendo tus propios conocimientos y proyectos.

Conclusiones

A medida que la inteligencia artificial se integra cada vez más en nuestra vida diaria, la demanda de profesionales capaces de interactuar efectivamente con los modelos de lenguaje aumentará exponencialmente. El ingeniero de prompts se convertirá en una figura clave en el desarrollo de aplicaciones de IA, encargado de diseñar y optimizar las instrucciones que guían a los modelos hacia resultados específicos. Esta nueva profesión requerirá un profundo conocimiento de los modelos de lenguaje, así como habilidades en lingüística, psicología y creatividad.

En el futuro, veremos una creciente personalización de los prompts, adaptados a las necesidades y preferencias individuales de cada usuario. Los modelos de lenguaje podrán aprender y adaptarse a los estilos de comunicación y los intereses de los usuarios, generando respuestas más relevantes y significativas. Además, la personalización de los prompts permitirá crear experiencias más inmersivas y personalizadas en aplicaciones como los asistentes virtuales, los chatbots y los videojuegos.

La ingeniería de prompts no es un campo aislado, sino que se entrelaza con otras disciplinas como la psicología, la filosofía y las ciencias sociales. La colaboración entre expertos en diferentes áreas permitirá desarrollar prompts más sofisticados y capaces de abordar problemas complejos. Por ejemplo, los psicólogos pueden ayudar a diseñar prompts que promuevan el bienestar emocional, mientras que los filósofos pueden contribuir a desarrollar prompts que aborden cuestiones éticas.

A pesar de las grandes promesas de la ingeniería de prompts, también existen desafíos que deben abordarse. Uno de los principales desafíos es garantizar la equidad y la imparcialidad en los modelos de lenguaje, evitando que perpetúen los sesgos presentes en los datos de entrenamiento. Además, es necesario desarrollar mejores métodos para evaluar la calidad y la relevancia de las respuestas generadas por los modelos. Sin embargo, estos desafíos también representan oportunidades para la investigación y el desarrollo de nuevas técnicas y herramientas.

En conclusión, el futuro de la ingeniería de prompts es brillante y lleno de posibilidades. A medida que los modelos de lenguaje se vuelven más sofisticados, la capacidad de diseñar prompts efectivos se convertirá en una habilidad cada vez más valiosa. Al abordar los desafíos y aprovechar las oportunidades que se presentan, podemos crear un futuro en el que la inteligencia artificial sea una herramienta poderosa para el bien de la humanidad.

GLOSARIO

- **Inteligencia Artificial (IA):** Simulación de procesos de inteligencia humana por parte de máquinas, especialmente sistemas informáticos. Estos procesos incluyen el aprendizaje (la adquisición de información y reglas para el uso de la información), el razonamiento (el uso de las reglas para llegar a conclusiones aproximadas o definitivas) y la autocorrección.
- **Aprendizaje Automático (Machine Learning):** Subcampo de la IA que proporciona a los sistemas la capacidad de aprender y mejorar de la experiencia sin ser explícitamente programados.
  - **Aprendizaje Supervisado:** El algoritmo aprende a mapear una entrada a una salida basándose en ejemplos de pares de entrada-salida.
  - **Aprendizaje no Supervisado:** El algoritmo descubre patrones ocultos en un conjunto de datos sin etiquetas.
  - **Aprendizaje por Refuerzo:** Un agente aprende a tomar acciones en un entorno para maximizar una recompensa a largo plazo.
- **Redes Neuronales Artificiales:** Modelos computacionales inspirados en el cerebro biológico que están compuestos de unidades interconectadas llamadas neuronas.
  - **Deep Learning:** Subcampo del aprendizaje automático que utiliza redes neuronales artificiales

con múltiples capas para modelar relaciones complejas.

Algoritmos: Conjunto de instrucciones paso a paso que una computadora sigue para realizar una tarea.

- **Algoritmos Genéticos:** Inspirándose en la evolución biológica, estos algoritmos utilizan mecanismos como la selección, la cruza y la mutación para encontrar soluciones óptimas a problemas.
- Visión por Computadora: Permite a las computadoras interpretar y comprender el contenido visual de imágenes y videos.
- Procesamiento del Lenguaje Natural (PLN): Habilita a las computadoras a interactuar y comprender el lenguaje humano.
- Robótica: Diseño, construcción, operación y uso de robots.
- Sistemas Expertos: Sistemas informáticos que emulan el razonamiento de un experto humano en un campo específico.
- Aprendizaje Transferido: Aplicar el conocimiento adquirido en una tarea para mejorar el rendimiento en otra tarea relacionada.
- Aprendizaje Continuo: Capacidad de un modelo de IA para adaptarse a nuevos datos y entornos a lo largo del tiempo.

- IA Explicable: Desarrollo de modelos de IA cuyos resultados puedan ser interpretados y explicados de manera comprensible para los humanos.
- Ética en la IA: Estudio de los aspectos éticos de la inteligencia artificial, incluyendo temas como la privacidad, la seguridad y la equidad.

RECURSOS ADICIONALES

- Coursera: Ofrece una amplia variedad de cursos de IA, desde niveles introductorios hasta avanzados. https://www.coursera.org/learn/ai-for-everyone
- MIT OpenCourseWare: Proporciona cursos en línea gratuitos del MIT, incluyendo IA y aprendizaje automático. https://ocw.mit.edu/courses/6-034-artificial-intelligence-fall-2010/
- Curso de Aprendizaje Automático de Andrew Ng: Un popular curso en línea sobre aprendizaje automático impartido por Andrew Ng. https://www.coursera.org/collections/machine-learning
- Fast.ai: Ofrece cursos prácticos de aprendizaje profundo y una comunidad. https://www.fast.ai/
- DeepLearning.AI: Una plataforma creada por Andrew Ng para la educación en aprendizaje profundo. https://www.deeplearning.ai/
- Hugging Face: Una plataforma para compartir y utilizar modelos pre-entrenados para tareas de NLP. https://huggingface.co/models
- NLTK: Una biblioteca de Python para tareas de NLP. https://www.nltk.org/
- OpenCV: Una biblioteca de visión por computadora de código abierto. https://opencv.org/
- TensorFlow Lite: Una versión ligera de TensorFlow para dispositivos móviles y embebidos.

https://www.tensorflow.org/lite/api_docs/java/org/tensorflow/lite/package-summary

- OpenAI Gym: Un conjunto de herramientas para desarrollar y comparar algoritmos de aprendizaje por refuerzo. https://www.gymlibrary.dev/

- DeepMind Research: Un laboratorio de investigación enfocado en IA, incluyendo aprendizaje por refuerzo. https://deepmind.google/

- MIT Technology Review: Una fuente líder de noticias y análisis sobre tecnologías emergentes, incluyendo IA. https://www.technologyreview.com/

- VentureBeat: Una compañía de noticias y medios tecnológicos que cubre IA y otras tecnologías emergentes. https://venturebeat.com/

- KDnuggets: Un blog y comunidad para ciencia de datos y aprendizaje automático. https://www.kdnuggets.com/

ACERCA DEL AUTOR

 J. Gaviria nació en 1979 en una ciudad del centro de Colombia. Desde temprana edad aprendió a ser independiente y a luchar por sus sueños. Apasionado por la tecnología y la ciencia, se graduó como ingeniero y con posterioridad desarrollo una especialización en finanzas.

A pesar de su apretada agenda, J. Gaviria siempre ha sido un ávido lector y escritor. Su pasión por la literatura lo llevó a crear su propio blog de poesía, donde ocasionalmente comparte sus reflexiones, así como reseñas sobre los libros que lee.

A lo largo de los años, J. Gaviria ha continuado conjugando su labor como ingeniero, con sus pasiones y su vida familiar logrado equilibrar algunos de sus aspectos de su vida. Sus artículos son una muestra de su amor por el conocimiento y su deseo de compartirlo con el mundo.

Actualmente, J. Gaviria sigue trabajando en el mundo tecnológico, pero dedica gran parte de su tiempo libre a la escritura y la lectura.

www.ingramcontent.com/pod-product-compliance
Lightning Source LLC
LaVergne TN
LVHW051332050326
832903LV00031B/3502